宮崎正弘
Masahiro Miyazaki

金融大波乱

ドル・円・人民元の通貨戦争が始まった

田村秀男
Hideo Tamura

徳間書店

金融大波乱　ドル・円・人民元の通貨戦争が始まった――目次

第1章 ペトロダラー崩壊から米通貨覇権の終わりが始まる

第4章 アメリカは中国をふとらせてから食べる

第5章 ウクライナ戦争もアメリカが仕掛けた

第6章

中国バブルは崩壊しているのになぜつぶれないのか

第7章 世界金融危機とは反対に日本経済は大復活する

装幀——赤谷直宣

プロローグ――ペトロ人民元は実現するか

●石油決済に人民元が使われる日

2022年12月8日、習近平は特別機でリヤド入りした。サウジアラビア国王ならびに皇太子との首脳会談、ひきつづいた湾岸諸国首脳との一連の会議で、石油、天然ガスの人民元決済が提議された。

表向きの記者会見では、「議題にはならない」とし、サウジ外相は「中国側に『まだ時期尚早』と伝えた」と述べたことになっている。

じつは過去6年間、水面下で人民元決済の実現性が話し合われてきた。

トランプ政権のときは、一笑に付されたが、バイデン政権がサウジと対立するようになったため、米沙《べいさ》関係が急速に冷却化した。

その隙《すき》を狙《ねら》うかのように中国は、犬猿の仲だったイランとサウジアラビアの関係修復を仲介した。

ドル基軸体制を強固に支えてきた「ペトロダラー体制」を中国は根底から揺らそうとしている。この中国の野望にサウジアラビアが応じるとなれば、大規模な通貨戦争に到ることは必至であり、欧米に急速な警戒感が拡がったのである。

それにしてもバイデン政権にとって、これは外交上の大失敗といえるだろう。

かつてサダム・フセインが大量破壊兵器を保有したという嘘を流して米国はイラクを爆撃し、サダムを吊るした。リビアには内戦を仕掛けてカダフィを暗殺した。

いずれもペトロダラー体制に正面から挑戦したからと言われる。

このタイミングをみはからったかのようにEU中国大使が『サウスチャイナ・モーニングポスト』の独占インタビューに応じた。

ホルヘ・トレド・アルビナナ大使は、「中国政府は発展途上国の債務負担を軽減する手助けをしなければならない。世界の後発開発途上国の債務負担の軽減を支援する責任があり、世界の最貧国は2023年中に300億米ドルの債務返済に直面している」と述べ、続けて、「リスケなど債務再編を進めなければ、多額の債務を抱える低・中所得国に、長年にわたる債務返済の問題、低成長、過小投資という重荷がかかる」として中国の膨張に釘を刺した。しかし中国は一帯一路プロジェクトを強気に推進し、低・中所得国を次々と債務の罠におとしこんでいる。

●金本位復帰はありうるのか

日本は、異常な「円安」で大騒ぎを演じてきたが、「通貨」の本質的な議論は巧妙に回避されている。なぜ通貨価値が変動するのか。固定相場なら安心できるではないかという原則論が顧みられることはない。怪《あや》しいグローバリズムが蔓延《まんえん》したからである。

1971年まで米ドルは金兌換だった。ニクソン大統領が金本位制を離脱し、変動相場制に突入後は、通貨が金融商品として投機の対象となった。たとえば2022年10月14日の一日だけの取引が1000兆円を超えた。

為替相場を決める要因は第1に金利、第2に経常収支、第3が政治状況である。世界一低金利の日本の通貨は売られても買われることはない。

日本経済の自慢だった貿易黒字は資源輸入代金が円安で暴騰したため赤字に転落した。特許収入などで経常収支はかろうじて黒字だが、円高圧力にはならない。

ならば固定相場とし、金本位に戻せば良いと正論を述べると、変動相場裨益組から猛烈な批判を浴びせられる。かれらが市場の多数派である。

米国の債務は31兆ドルを突破した（赤字国債でまかなっている）。

2023年1月に招集された連邦議会はいきなり4日間もマッカーシー議員の議長就任でもめ、14回の投票、共和党保守派と妥協し、ようやく議長が決まった。問題は財政支出のインバランス。とくにウクライナ支援の削減を共和党は求めている。

バイデン政権は徹底的に最後までウクライナ支援路線だから2024年の大統領選挙で共和党が勝利しない限り、この不毛な戦争が長期化する可能性は高いとみておくべきだ。

米議会に静かな動きが出た。米連邦議会下院のアレックス・ムーニー議員が「金本位制再現法案」を提出した。たちまち数人の賛同議員があらわれた。

ムーニーはウェストヴァージニア州選出の共和党議員で熱烈なトランプ支持者として名をはせる。

法案は「財務省とFRB（連邦準備制度理事会）はすべての金保有と金取引を24カ月以内に公開」を求め、「その後、連邦準備制度理事会のドル紙幣は金との固定相場に移行し、FRBは新しい固定価格で金と交換が可能になる」とするもの。

ムーニーは「金本位制の復活がワシントンの無責任な支出、無からのお金の創造という無秩序から米国経済を守る」とし、「貨幣の価値を決めるのは官僚でなく、経済学によって形成される。米国経済は連邦準備制度理事会や無謀なワシントンの消費者に翻弄されることはなくなる」と主張した。


金本位制への復帰議論は1981年にレーガン政権が誕生した直後、「金問題委員会」（リーガン財務長官が座長）が設置されて、かなり突っ込んで討議された。しかし新資本主義とかグローバリズムとかのウォール街が金本位制復帰を「古くさい」と強く反駁し立ち消えになった。

ムーニー議員の指摘は「ニクソン大統領の金本位離脱は『暫定措置』であり、従前の法律は有効だ」とする。ガソリン高騰などの物価高、インフレ、失業をもたらしたのも金本位制度から離脱したのが遠因とする考え方である。

理論的に言えば通貨は固定制が望ましく為替差損は政府が負うのが経済学の基本だ。しかしいまでは実体貿易の数十倍もの投機資金が為替相場に投入されており、理論ではなく現実をみると、もし固定制に戻ると仮定したら猛烈な投機が起こるだろう。伝家の宝刀が抜けなくなったのが現状である。

ことほど左様に国際経済は大混乱の最中、そして3月にはシリコンバレー銀行（ＳＶＢ）とシグネチャー銀行が破綻し、その津波はスイスへ及んだ。老舗のクレディスイスはＵＢＳに救済買収される。いったい、このような「金融大波乱」はこれからどうなるのか、経済専門家の田村秀男氏と徹底的に話し合った。

宮崎正弘

第1章　ペトロダラー崩壊から米通貨覇権の終わりが始まる

●ペトロダラーの終焉が始まっている……

田村　宮崎さんのプロローグにもありますが、長く続いた戦後体制であるブレトンウッズ体制というドル基軸通貨体制が、アメリカの経済力が中国からの挑戦を受けるなかで、揺らぎ始めています。

おそらく新たなブレトンウッズ体制3・0に向かって、これから激しい通貨戦争が始まるだろうと予想されます。なぜなら中国の人民元が基軸通貨ドルに挑戦しているからです。中国政府は、デジタル人民元とつなげることで通貨の世界覇権を握ろうとしているのでしょう。ただし、いまのままでは原理的に人民元が基軸通貨であることは成り立たない。なぜなら現在の人民元はドルの裏付けなしにはありえない通貨だからです。しかし、デジタル化で先行し、なおかつ人民元決済の対象を原油に広げるとドル依存から離脱できるのです。

1944年のブレトンウッズから始まったドル基軸通貨体制はニクソン・ショックで金と切り離されたあと、石油を裏づけにするペトロダラーとなって、さらに進化してきましたが、ここへきて石油取引の裏打ちに人民元が挑戦する動きも出てきている。そうなると、ドル基軸通貨体制が万全であると確信をもって言うことはできなくなってきた。

さらに言えば、ドルと人民元は裏側でつながっている面もある。人民元は管理変動制でドルに対する変動を一定幅に抑えており、アメリカも円やユーロのような自由変動制への移行を求めないのです。アメリカの衰退が明らかになりつつあるなかで、ドルと円と人民元の通貨戦争の帰趨はどうなるのか。いままた金融危機の時代を迎えて混沌としつつある世界経済の行方を見据えながら宮崎さんと考えてみたい。

宮崎　「ブレトンウッズ３・０」というのは良いたとえだと思います。当面の地政学議論でいうと、台湾をめぐる米中戦争についてＣＳＩＳ（ワシントンのシンクタンク「戦略問題研究所」）が２０２２年末に発表したシミュレーションを思い出しました。米中戦争は必ず起きる。そして、アメリカは勝つけれども、アメリカと日本の被害も甚大である、という予測です。

例えば、香港ドルとの交換を停止したら、中国にとっても致命傷だけれども、ウォール街の返り血もものすごく大きくなります。この点は私たちの前作『中国発の金融恐慌に備えよ！』（徳間書店）でも詳しく論じ合ったことでした。

田村　そうです。だから、アメリカ上院の外交委員会が2022年9月に可決した台湾政策法では、台湾を侵略するのなら中国に金融制裁をするとしている。それに加えて、中国の3大国有銀行大手にドルとの取引を禁止させることができるという条項を入れた。

ところが、後で国防権限法が成立するにあたって、台湾政策法の主な部分がそこに取り込まれましたが、金融制裁条項は全部外された。バイデン大統領が対中金融制裁に反対したからです。これは要するに、ジョー・バイデンが実は中国とつながっているということを示しています。

宮崎　バイデン政権が対中強硬派のポーズをとっているのは、人権の問題だけです。経済ではハイテク封鎖を看板としていますが一般の貿易・通商はそのまま、中国制裁はザル法ともいえ、対中貿易赤字は増えつづけています。アメリカの民主党リベラルが常に問題にするのは人権です。それで制裁せざるをえないという立場をとらざるをえない。

例えば、ウイグル問題に対する民主党の制裁案を見ると、人権抑圧と民主主義に対する弾圧だと言っているが、ほかのことは何も言っていません。

日米貿易交渉で日本をバッシングしていたときにはトレード・インバランスと言っていただけだった。日本には人権問題はないので、その問題で日本を攻撃したことはありません。

1980年代に日本のジャパン・アズ・ナンバーワンの時代には非関税障壁を含め日本には構造問題があるとして徹底的に日本を叩いたのに、中国に対してはまったくやっていない。というのも、実は中国はアメリカの資金の供給源というか、いわゆるアメリカが儲かるための仕組みだからです。つまり、グローバリズムそのものが、中国を使ってアメリカが豊かになるための仕組みだったといえます。

田村　冷戦が終わった段階で最初の企図はそうでしょう。そういうことはデイヴィッド・ロックフェラーなどウォール街の国際金融資本が考えそうなことだけれども。

●アメリカの金融政策の変化とウクライナ戦争は関連している

宮崎　アメリカの金融政策の変化について言うと、新型コロナの拡大とウクライナ戦争とが濃密に絡んでいると思います。バイデン政権になってコロナ対策として1・9兆ドルもの財政出動をやっている。アメリカがとった新型コロナ対策は、中国とは逆の意味で非常に極端だったけれども、あっと言う間にマスクなしで平常に戻っています。

田村　２０２０年の3月以降、新型コロナでアメリカは一挙に金融の大緩和、量的緩和に入ったんです。それで一挙に金利が下がった。とくに長期金利が下がりました。

今回がリーマン・ショックの後の量的緩和と少し違うのは、量的緩和と同時に巨額の財政出動をやったことです。

財政は、現金の裏付けがあるので実需に直接的に効きます。政府資金が経済の資金循環のなかにそのまま放り込まれて景気を底上げした。それが、コロナが落ち着いてきて、財政が出ているものだから需要が一気に爆発的に増えてきてインフレになるわけです。ちょうどインフレになるころに、ロシアがウクライナに侵攻してウクライナ戦争が始まった。

宮崎　ウクライナ戦争が始まったのは２０２２年2月24日からですが、実はアメリカはその前から金融の引き締めを始めている。どうもアメリカの金融政策の変更とウクライナ戦争がどこかでつながっているような気がしているのです。

２０２１年の11月のＦＯＭＣ（連邦公開市場委員会）をやったときはまだインフレは過渡的な供給要因によるものだという見解が主流だったのに、11月中旬以降に突然インフレ懸念が強まってきて、それまでの金融緩和政策をやめていわゆるテーパリングを始める。

それまではＦＲＢの理事会のメンバーのほとんどが、このインフレは供給要因によるもので、いわゆる過渡的なものだから、インフレはいずれおさまると言っていた。しかも高圧経済だと言っていて、インフレ目標に到達してもまだしばらくは金融緩和を続けるという政策をとっていたはずなのに、11月の中旬以降に突然変わった。２０２１年の11月中旬くらいからＦＲＢはみんなタカ派になってしまった。ジャネット・イエレン財務長官までタカ派になっていました。

あの段階で、アメリカはウクライナ戦争を意識していると私は思いました。そのころからロシア軍がベラルーシで軍事演習と称していたけれど兵力を増強していました。「演習」に10万人以上も動員するなんてそもそもナニカアルと考えなければいけない。

そして、翌年２０２２年2月24日にロシア軍がウクライナに侵攻してウクライナ戦争が始まる。アメリカは、今日までに５２０億ドルの武器援助、難民援助、人道援助、食糧援助をやっています。

ここで不思議なのは、アメリカが援助している５２０億ドルというのは財政支出なんですか。それともこれは武器の在庫から出しているから、予算ではないんじゃないか。

田村　あれは政府在庫だから、すでに持っている在庫を吐き出しているだけなので、国防予算の範囲で財政支出として扱われるはずです。

宮崎　そのために新たに予算をつける必要はない。もうすでに予算執行されて在庫としてあるものを出しているだけですから。しかし、予算をつける必要はないけれど、ウクライナへの支援は無料というわけにはいかないから、ウクライナに貸し込んでいるということになる。けれども、ウクライナは返せるわけがない。

田村　貸し込みになる。そのままアメリカの不良債権になります。

宮崎　明らかにいま現在、不良債権ですものね。それで、年が明けて2023年1月6日からの下院議会では共和党の強硬派が「ウクライナ支援をやめろ」と反対していて4日間ほどもめて議事が決まらなかった。

アメリカには、共和党を中心にウクライナ支援に反対する勢力がかなりいる。次期大統領選に出馬すると言われているフロリダ州のデサンティス知事は最近、アメリカがウクライナを支援する必要はないと言いだしています。

それに対して、バイデン政権はまだ継続して援助すると言っている。バイデンがウクライナのキーウを電撃訪問し、その直後にも、イエレン財務長官が5億ドルの追加支援を手土産にキーウに行って、アメリカはさらに軍事支援をすると発表しています。アメリカ国民でウクライナ支援継続に賛成しているのは60%に減って、ウンザリ組がうんと増えています。

田村　バイデンはウクライナ戦争が起こることを予期していて、そのために財政支出をすることが実はアメリカの利益になるという政策をやっているように見えます。ところが、トランプ派の人たちは、「そんなにウクライナにアメリカの金を出してどうするんだ」と言う。いまはその闘いになっている。

しかし、現大統領はバイデンだから、アメリカはドル基軸通貨体制の中でドルを最大限うまく使って、財政支出もうまく使って、戦争を使って儲けようとしているようです。

宮崎　アメリカの力が弱まってドル基軸通貨体制がいま揺らいでいるのは明らかです。だからアメリカは、ドル基軸通貨体制を維持するために、ウクライナ戦争を活用している。換言すると、「ブレトンウッズ3・0」をなんとか米国有利のかたちにもっていこうとしている。

田村　アメリカが金利を上げていくと世界のお金がドルに集中します。みんながドル資産を買いにくる。ということは、アメリカに資金が集まるわけです。

アメリカはこれまでもドル一極体制をやってきている。直近ではビル・クリントン政権時代の1990年代中ごろにロバート・ルービン財務長官がドル高政策をやって、アメリカに世界の資金を集めて、それをさまざまな金融商品に投資させてウォール街が儲けた。しかし、その弊害がたとえばアジア通貨危機やルーブル危機、ITバブルの崩壊などにつながった。

宮崎 いまのドル高は、おそらく対中国、対ロシアへの金融制裁的な意味がありそうです。アメリカが金利を上げたことによって、具体的に中国から逃げ出したお金はどれぐらいあるんでしょうか。

田村 私が集めた外国投資家の人民元資産のデータを見ると、外国の資本が逃げていることがはっきり出ています。相当逃げているということです。

外国投資家の元資産はピーク時の2021年末が1・7兆ドルで、2022年末は1・37兆ドルになっている。だから、3300億ドルぐらい減っている。

宮崎 その数字は外国資本が、中国から金融資産を引き揚げている金額という意味ですか。

田村 これは人民元建て資産だけです。だから、人民元建ての債券と株式と預金の合計値がどれだけ減ったかというものです。

宮崎 あとは中国の対外収支、対外債務と外貨準備、資本流出というところに、中国から資金が逃げている部分が出ているわけですね。図1では、資本流出年間という部分が資金

図１　中国の対外収支、対外債務と外貨準備、資本流出

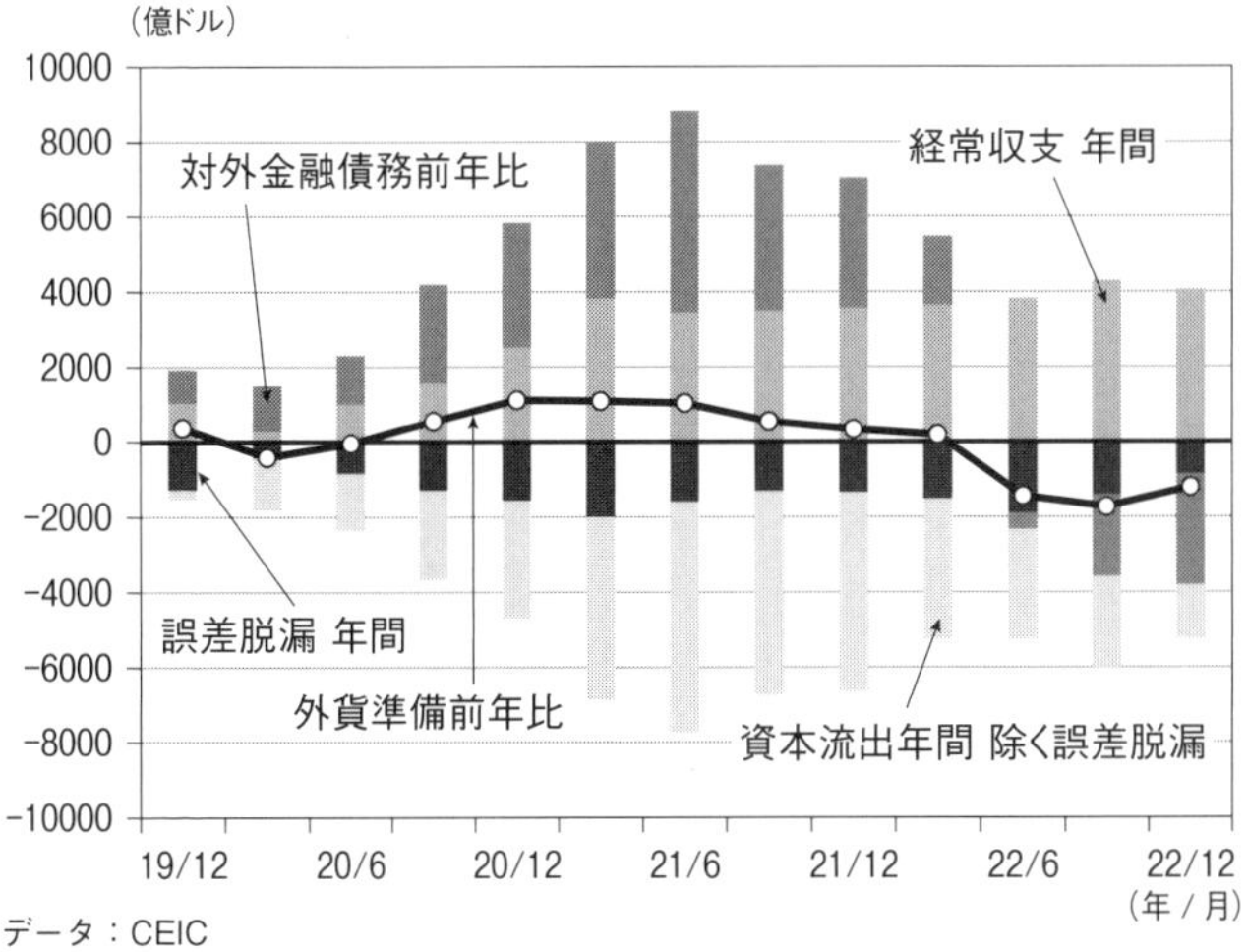

データ：CEIC

が逃げている部分ですか。加えてビットコインに化《ば》けて中国から逃げたカネが巨額にのぼり、たとえばＦＴＸのバンクマン・フリードが起訴された容疑の一つは中国高官へ４０００万ドルの賄賂をビットコインで支払っていたというものです。

田村　資本流出というのは合法的に当局が把握できるもので、誤差脱漏を除いたものです。誤差脱漏は正体不明の資本流出で資本逃避が大半を占めます。

宮崎　この図１は、公式データを見てもこれだけ資本が逃げているということを表している。実際は、これ以上出ているはずだということですね。ということは、これは２０２１年で見ると６０００億ドルぐらいが逃げている。そうすると、その6000億ドル分を何で穴埋めしたんでしょうか。

田村　中国経済はこれまでずっと資本を外資に依存してきた。外国からの資本流入でまかなってきたわけです。その代わり、経常収支の黒字と国際収支の黒字はわりとコンスタントに守られてきた。

宮崎　経常収支の黒字がないと、中国は人民元を刷れない仕組みになっていますからね。

田村　そうです。経常収支の黒字が、そのままドルの裏付けを持った人民元になるわけですから。それと外国からの証券など金融投資や直接投資が入る。

宮崎　海外からの投資があれば、つまり、ドルがあれば、そのドルの枠内で人民元が刷れる。

田村　中国は外貨集中制度といって、入ってきたのは借金だろうが、投資であろうが、なんであろうと国有商業銀行に入った外貨はすべて、中央銀行が集める仕組みになっています。

宮崎　中国はそれを外貨準備高と称しているんですね。それは国際常識の統計方法とはまったく違う。普通は、政府は無限にとは言わないけれども、需要を超えて刷ってはいけな

図2　外国投資家の中国債券保有

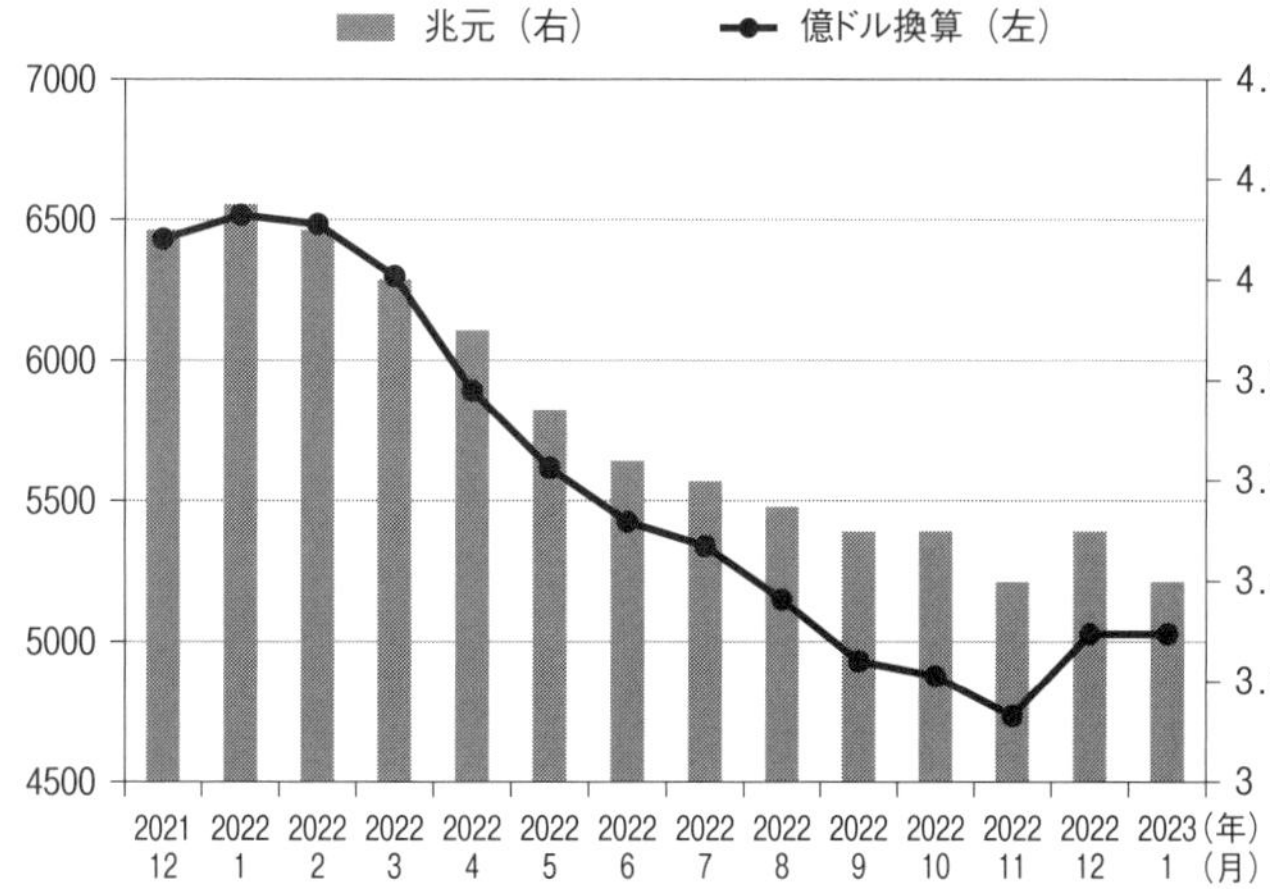

データ：CEIC、中国人民銀行

いけれどマネーを創出することはできます。ところが、中国はそうではない。

田村　日本の外貨準備は１兆ドルぐらいだと言われるけれど、中国式でやれば日銀に外貨が集まるわけですから、日本の外貨準備はもっと大きな数字になるはずです。

宮崎　３月末速報で１兆２５７０億ドルですが、この日本の外貨準備を中国式で計算したら、どれぐらいになりますか。

田村　日本の場合はおそらく中国の３倍ぐらいになる。中国をはるかにしのぐ金額です。対外純債権で考えたら、１・５倍ぐらいになるでしょう。

宮崎　中国の外貨準備が世界一なんて、

昔からおかしいと思っていました。まず統計自体がおかしいし、そもそも仕組みが違います。仕組みが違う経済を同じ用語で語ってしまうと間違える。GDP統計にしてもあやしい。3割水増しはあの国では常識です。中国に関してはそういう誤解が多すぎます。

●ロシアは外貨準備の17%を人民元にした

宮崎　いずれにせよ、中国から資金が逃げだしている。インフレ懸念からアメリカのFRBが利上げをしている。その分、ドルが強くなり中国から資金が逃げ出す構造になる。

一方で、ウクライナに侵攻したロシアも西側の経済制裁で苦しくなっているはずですが、思ったほどロシアのルーブルは下がっていない。ロシアは資源を裏付けにしてルーブルを高止まりさせている。ドルとの送金取引を制裁されているロシアで通貨ルーブルは健在で、ルーブル暴落の危機はすでに去っています。ロシアは米ドルを「毒通貨」と言い換え始めた。

ロシアは外貨準備の17%を人民元としています。これだけでも1800億ドル分に相当する。そのうえロシア企業が人民元建て社債の起債に踏み切りました。ロスネフチが16

0億人民元を起債、金採掘大手のポリュスが46億人民元、アルミ大手のルサールが20億人民元を2本起債している。中国とロシアの金融蜜月が始まっていたことになる。

田村　プーチンが原油はルーブルでなければ売らないと言ったので、原油に裏打ちされたルーブルが強くなっている。

通常は、対外的な金融取引や納期決済の通貨としてはドルが使われますが、いまロシアは経済制裁を受けていて、ドルが使えないから、結局はロシアは中国と組むしかない。

アメリカがロシアに対する経済制裁の一貫として国際決済システムであるスウィフト（SWIFT）を使えなくしたので、中国の国際決済システムであるシップス（CIPS）を使っています。ロシアは国際的な決済は人民元経由でやっています。

宮崎　話は少しずれますが、資源の裏打ちを持った通貨と、そうではない、資源の裏打ちのない、いわゆる信用通貨の対立という構図に、いまはなっていますね。

田村　そういうことです。ロシアは「自分たちのルーブルには資源の裏付けがある」と。そこで金（ゴールド）の位置づけが問題になってくる。

宮崎　まさにそうで、中国は金を大量に買っていて、中国の金購入は4倍（2022年12月だけでも300トン）、3月末速報で累計2068トンです。加えてLNGタンカー発

注5倍、一方で米国債保有額を減らし、2023年1月には8594億ドルとなった（ピークは2013年で1兆3000億ドル前後を保有し、日本の保有高を抜いていた）。

ちなみに日本の米国債保有は2022年末に1兆760億ドル。2023年1月には1兆1040億ドルに微増させています。海外勢も多くが買い越しに転じていました。

従来、保有額の枠内でドル取引を行うため、中国は米国債を保有し続けなければならない。これを担保にして外銀からドルを借りることができるからです。

中国がドル建て債券を減らし始めたのはきわめて「政治的」な理由がありますね。

第1に人民元のシェア拡大、すなわち通貨覇権を狙っている。根底にあるのは華夷《かい》秩序で、なにしろ中国は世界の中心だと思い込んでいますから。

第2にウクライナ戦争でロシアからの原油と天然ガス輸入決済に人民元が可能となったからです。ドル建てを減らせば、その分ユーロ取引も可能となる。

第3に国際決済システムのSWIFTから排除されたロシアを支援するため、中国の銀行間送金システムのCIPSが本格稼働し始め、ユーロなどの通貨に切り替えても取引が成立することとなった。

第4に、ロシアと中国は経済苦況にもかかわらず金保有を激増させていた。

これらに連動して、米国債保有を減らしたのもドル基軸通貨体制に代替できる人民元の実現に向かって、自国通貨の強化、ＩＭＦのシェア拡大を目指しているのでしょう。

●中国は３００トンも金をまとめ買いしている

宮崎　２０２２年第3四半期、世界の中央銀行は合計で３９９トンの金を購入していましたが、３００トンのまとめ買いは中国だった。ほかにトルコが31・２トン、ウズベキスタンが26・１トン、インドが17・５トンを購入しています。

中国は２０１５年にまとめて６００トンの金を購入したことがありますが、それ以来外貨準備からドルの持ち分を減らし、金備蓄に確実に乗り換えてきています。また米国債の保有を減らし、１兆ドルを割り込んで、２０２２年6月末に保有は９８０６億ドル（ちなみに日本は１・１兆ドル強）になった。

田村　ロシアも中国も世界屈指の産金国だから、その気になったら金準備を増やすことはできる。ただ、ロシアの場合もマネー・ストックというか、現預金の総額がドル換算すると１兆ドルある。ところが金準備がわかる範囲の２０２２年の1月時点で、一千数百億ドル分ぐらいなんです。だから、ロシアがもし本当に金とルーブルのお札を交換するといっても、ロシアだけでは量的に足りない。その場合には金の値段が10倍ぐらいに上がらないと、できない。

宮崎　これまでの莫大な通貨発行量に比べると、たかだかこれぐらいの金備蓄では金本位制には戻れない。それははっきりしています。ただ、奥の手があります。新札を発行する。新札はドルと交換できる。

田村　金兌換券ですね。

宮崎　40年前にヨーロッパでばーっと噂が一度流れたことがありました。長谷川慶太郎氏が『週刊文春』に4ページぐらいの記事を書いて貿易業界では大騒ぎになった。たとえば、アメリカが準備している新しい100ドル札は紫色だと、色まで決まっていると言っていました。

日本でも戦後すぐに新円切り換えをやっています。それと同じように新ドル切り換えをやる。そうすると、いまの金備蓄でも十分やっていけるという理論がある。

ロシアはその前にルーブルの信任がなければ、やっても意味がない。人民元ならやりかねないかもしれないけれども、それは失敗するでしょう。

田村　できないですよね。

●石油取引決済を人民元でやろうと画策する中国

宮崎　いま中国は、アメリカのドル基軸通貨体制に挑戦しようとしているけれど、バイデン政権は、ドルの基軸通貨体制を強化することでアメリカの経済を立て直そうとしている。その一環としてウクライナ戦争を起こして、背後から最新兵器を出して、ドルの力で支援しようとしている。

人民元がどういう形で挑戦しているかというと、ロシア・ルーブルの場合は現物であるオイルで裏打ちされているように、人民元も石油の裏付けがほしい。

田村　ドルが基軸通貨であり続けているのは、石油の取引はドルでしかできないというドルの裏付けがあるからです。ですから、ドル体制を崩そうとするには、まずはドルとオイルの結びつきを断ち切るしかない。

宮崎　習近平が２０２２年の12月にサウジアラビアを訪問しましたが、その一番の眼目は、石油取引を人民元で決済できないかと交渉することでした。実は、中国は石油の人民元決済を6年前から言い続けている。

今回もサウジアラビアの財務大臣が記者会見して、「たしかにそういう話はあった。でも、それは時期尚早であると言った」というのが公式発表です。でも、裏ではかなりしつこく交渉していたようです。

田村 そうです。確か6年前から水面下で交渉していて、3、4年ぐらい前に「フィナンシャル・タイムズ（FT）」が一度、その内幕を書いたことがあった。中国の対サウジアプローチはけっこう歴史がある。

宮崎 取引にさまざまな条件をつけて、とにかく要求を出し続けるのは中国人の習癖といっていい。

サウジアラビアがおかしくなったのは3年ぐらい前に、皇太子のムハンマド・ビン・サルマン（MBS）が頻繁にモスクワに行き始めてからです。それからイスラエルとも接触し始めた。

地政学的に言えば、サウジアラビアにとって一番の脅威はイランです。だから、イランと結びつきが強いロシアや中国に接触して、裏から手を回してなんとか情報を取るようにしてきた。それが中国にアプローチした一番の要因です。

２番目はトランプ政権以降、シェールガスの開発が許可されて、アメリカはサウジからそれほど石油を買う必要がなくなった。その分をサウジとしてみれば、人民元決済でも売りたいというわけです。

このサウジのアメリカ離れを中国は狙った。今回、中国が仲介して、サウジとイランが7年間の国交断絶を経て、国交正常化に合意した背景にはそういう事情があった。

それで、人民元決済というこれまでは夢のような話がだんだん現実味を帯びてきている。それをアメリカは脅威に感じているというのが、いまの段階でしょう。

●サウジを含め中東諸国のアメリカ離れが始まった

宮崎　バイデンはウクライナ戦争で原油価格が高騰したので、サウジに石油をもっと増産してほしいとムハンマド・ビン・サルマンに会いにいって、けんもほろろにやられて帰ってきた。ところが、習近平が２０２２年12月にサウジアラビアの首都リヤドに行ったときは、赤じゅうたんで大歓迎した。

ついでに言うと、ムハンマド・ビン・サルマンは２０２２年の11月に日本を訪問して、岸田首相と会談して天皇陛下にも拝謁するという予定があったのに、それを中止して中国へ行った。とんでもない失礼な話です。

サルマン皇太子のアメリカに対する恨みは、サウジの反体制ジャーナリストのジャマル・カショギ暗殺に対してアメリカが激しく批判したからです。サウジにとって、これは許せない。国際社会がどう批判しようが、王室を批判した人間を消すのは、あの国にとっては常識ですから。

習近平は、サウジアラビアでの会合に出席した際、湾岸地域のアラブ諸国やイランとのハイレベル会合を北京で２０２３年に開催することも提案している。その数日後にはイラン政府も会合に参加する意向を示したといわれています。

さらに、サウジをはじめとする湾岸協力会議（ＧＣＣ）とイランによる首脳会議が年内にも開催される予定になっています。この動きもアメリカの神経にさわるでしょうね。

田村　湾岸協力会議にはイラクも入りたがっているけれど、まだ参加はできていないみたいです。

アメリカがイラク戦争でサダム・フセインを排除したのは、フセインが石油取引をユーロ建てにしようとしたからだといわれていますが、実際にはそれだけではない。ＦＴの報道によると、サウジを含めて周りの国がドル建てだけではいけないと動揺したことが原因だったようです。そこでサダム・フセインをつぶすために戦争をしかけたと見るべきでしょう。だからアメリカとしては、フセインをどうしてもさらし者にして殺さなければいけなかった。それで、フセインを隠れていた穴倉から引きずり出して殺したんです。

宮崎　しかし、皮肉なことにスンニ派のサダム・フセインを排除してしまったので、イラクはイランと同じシーア派が主流になってしまった。アメリカにとっては大きなマイナスです。これまでのアメリカの外交は失敗が多すぎました。

基本的なことを言えば、アメリカの主要敵が中国なら、その背後にあるロシアと仲よくしたほうがいい。それがトランプの発想でした。だから、トランプは北朝鮮の金正恩坊やの頭を3回もなでて、うまくてなずけていた。それをみんなぶち壊して、中国をやっつける前にロシアもやってしまえというのは、バイデン政権の大きな判断ミスだったのではないでしょうか。

●中国のサウジへの接近は、人民元による石油取引

田村　サウジと中国が接近しているのは、人民元で石油取引をしたいということですが、習近平にしてみれば、ドルみたいに人民元でなんでも買えるようになりたいというのが中国が望んでいることです。

宮崎　石油取引をしたら全部、人民元になって、人民元を刷れるわけですね。世界の中心は中華なのだから、なぜ人民元が世界で使えないのかというのは、ずっとあの人たちの妄想の中にあると思います。なんたって中国は世界の中心という華夷秩序にこだわる特性があります。

田村　それを中国が一番望んでいる。それが通貨覇権です。

カンボジアとか東南アジアの貧困国に行けば、いまはホテルの宿泊代も全部、人民元で払えるようになっている。ところが、そのときに必ず中国銀行とか中国工商銀行がちゃんとそこに支店を出していて、払われた人民元を中国の商業銀行が回収しています。結局、どこかの銀行に持っていって両替してもらうしかないので、つまるところは中国の銀行に

なる。人民元をちゃんと供給できるのは、そこしかないですから。
もう10年以上前から、東南アジアはとくに中国の中国銀行、中国工商銀行がばんばん出店しています。

宮崎　ウラジオストクにもドバイにも中国工商銀行の大きな支店がありますし、事実、人民元預金ができる。たとえばタイのデューティーフリー・ショップや中国人の多いホテル、マカオ、フィリピン、カンボジアなどのカジノでは人民元が使えます。ただ、市中ではレートが違うような気がする。圧倒的にドルが強いですね。

田村　ただ、人民元が使えるという話と石油を人民元で買えるということは、わけが違う。一般的に言って、貿易の決済通貨としての人民元の比率は、中国側の統計で2割ぐらいになっている。

宮崎　国際決済銀行（ＢＩＳ）の統計でいうと中国元は4％に届きません。ちなみに国際決済通貨のトップはもちろん米ドルで、以下ユーロ、日本円、英ポンド、豪ドルがトップ5です。

田村　国際決済通貨としては、そうなります。

宮崎　中国はアジアでバーター取引とか、いろいろな考えられない方法を使っていますからね。

田村　なにせ貿易取引の量がかなり多くなっている。そのため、例えば、ジンバブエは人民元を法定通貨にしています。

宮崎　ジンバブエの法定通貨は、ドル、ユーロ、それに人民元が加わった。法定通貨が複数ある。

　ジンバブエは中国がいなければ、国家財政がもちません。その代わり、鉱山権益をみんな中国に売ってしまった。それで中国が入ってきたら、今度は鉱山を国営化したりして、めちゃくちゃな国です。

田村　中国も利権のあるアフリカの国に中国人を送りこんでいますが、スーダンとかへ行って、人質にされたり殺されたりして、けっこうたいへんです。

宮崎　いま中国が鉱山の利権で入っているのはコンゴ。あそこは世界一のコバルト産出国ですし、アンゴラは石油でしょう。なにしろ、中国人はお金のにおいをかいだら、どんな危険なところへでも行くという蛮勇がある。タリバンが支配し爆弾テロが頻発しているアフガニスタンにも中国は入っている。

田村　バイデンがアフガニスタンから唐突に撤退したので、これ幸いと中国が行っている。

日本人は刺身がないとだめだけれど、中国は油で炒めればイナゴでもなんでも食べるので平気です。イギリスもイギリスのまずい食事に慣れていたから、世界のどこへでも出て行って七つの海を制覇して大英帝国をつくれた。

宮崎　そういう意味では、中国人にはアニマルスピリットが一番ある。アニマルスピリットこそが資本主義の原動力ですから、皮肉なことに共産主義の中国が一番資本主義的だということになりますね（笑）。

●中国がＢＲＩＣＳコインを発行しようとしている？

宮崎　通貨の話に戻ると、中国はブリックス（ＢＲＩＣＳ）もてこにして仕掛けているようです。一説によると、ＢＲＩＣＳコインを発行しようという話もあるようです。ただし、これは打ち上げ花火みたいなもので現実味は何も伴っていない。参加予定と言われている国々を見るとブラジルや南アフリカが入っているので、これではまとまるものもまとまらないでしょう。

田村　ＢＲＩＣＳコインというのはビットコインみたいなものですか。

宮崎　構想を打ち上げているだけなので、具体的にどういうものなのかは、まだはっきりしません。

田村　共通通貨みたいにしようということですかね。BRICSというとロシアが入りますね。

宮崎　もちろん入ります。ロシアを含むブリックス諸国をつないで、中国の国際決済システムであるCIPSを拡大して送金システムをつくるなどの計画があるようです。

●いまや国際金融は新秩序時代と「国際金融界の予言師」が言った

宮崎　知る人ぞ知る「国際金融界の予言師」＝ゾルタン・ポズサーはハンガリー人ですが、占星術に優れる遊牧の民マジャールの末裔かもしれない。ポズサーは大胆な予測で知られています。ポズサーはかつてニューヨーク連銀、そして米財務省に勤務した後、クレディスイスに移り、ストラテジストを務めていました。

ゾルタン・ポズサーは「新しい世界通貨秩序」に移行する顕著な動きがコモディティ市場に出現しており、その危機の中にわれわれはあって、最終的には現在のドル基軸の金融システムは弱体化するだろうと、主に中国の動きから分析している。

ポイントは「ＢＲＩＣＳコイン」「金兌換人民元」、そしてペトロダラー体制から「ペトロ人民元」と国際金融界ではタブー扱いされている議論を展開していることです。

第1にさきほども触れた、習近平のサウジ訪問と同地で開催された中国サウジアラビア首脳会談でペトロダラーに替わってペトロ人民元が討議されたこと。表向きサウジの財務大臣が「時期尚早と言った」ということになっている。

第2にＢＲＩＣＳにサウジ、トルコ、エジプトが加盟しようとする動きがあり、「ＢＲＩＣＳコイン」に結びつかないかという懸念が存在すること。

第3にイランに対して中国は向こう25年の石油輸入長期契約を交わし、交換条件はイランのインフラ投資に４０００億ドルを提示した。

第4にロシアは石油代金決済にルーブル建てを要求したが、裏では人民元支払いもゴールドによる決済も認めていること。

第5に中国とロシアが金備蓄を異様に積み上げている。金に裏打ちされる人民元を準備しているのではないかという推測がある。

ポズサーは「この危機は、１９７１年にニクソン大統領がドルとゴールドの交換を停止して以降、我々が経験してきたものとは違う」と指摘しています。

「ブレトンウッズ体制は1971年にニクソン大統領がドルとゴールドの交換を停止したことで崩壊した」という認識に立つ彼は、「ブレトンウッズ2・0」が、「インサイド・マネー」（本質的には米ドル）に裏付けられたとすれば、「ブレトンウッズ3・0」は「アウトサイド・マネー」（マネー以外のゴールドや他のコモディティ）に裏付けられるものになると予測している。

しかし、現実を眺めると中国経済の成長率鈍化が甚だしく、「ペトロ人民元が5年で実現する」という計画は10年以上かかるのではないか。

●鳴り物入りで始めたAIIBは開店休業？

田村　おそらく中国が最終的には基軸通貨の覇権をにぎろうとしているということですね。しかし、宮崎さんも言うようにいまの中国はそれほどうまくいっていない。
たとえば、中国主導のＡＩＩＢ（アジアインフラ投資銀行）はほとんど開店休業です。ＡＩＩＢはドルでやっているから、ドル資金を調達するために、高いプレミアムを払わなければならない。そんな高金利でだれがＡＩＩＢからの借款を受けるんだという話です。

宮崎　ＡＩＩＢはもともと無理があって、発展途上国に無理やり貸し付けても、返済ができなくなって、結局中国は大損をこうむっている。それで中国は港湾の権利などを取って回収しようとするので、それが「債務の罠」だと言われるようになりました。しかしこれは、相手国も困るけれど中国にとっても自らの「債務の罠」で、大損しているわけです。

田村　中国の一帯一路は資金支援というよりも、貿易みたいなものだと私は考えています。インフラ整備には中国のゼネコンが出ていって労働者も全部出して、設計も技術も金融も丸ごと中国です。だから、人民元で貿易しようという話で、人民元建ての貿易になっている。しかし、債権は全部ドルにする。相手の債務は全部がドルですから、中国にとってはドル獲得の手段になるわけです。

宮崎　いまＦＲＢがドルを利上げしているので、ドルが強くなるとドルでの返済がむずかしくなって、一帯一路はほとんどのプロジェクトがつぶれますね。

たとえば卑近な例がスリランカのハンバントタ港の案件です。あの中国の融資条件は、たしか3年据え置きぐらいで、15年払いで金利は４％近いようです。

田村　４％という金利はかなり厳しい数字です。

宮崎　日本が示した案は、15年据え置きで金利1％の40年払いで、ほとんどタダ同然です。ということは、中国はあこぎな高利貸だということです。

しかもＡＩＩＢは、中国が自分たちだけで単独融資したのは10件くらいです。しかもインドが2件とか言っていました。

田村　世界銀行やアジア開発銀行（ＡＤＢ）のプロジェクトにジョイントで乗せてもらうというのがほとんどです。

宮崎　ＡＩＩＢができた当初からアジア開銀が協力するだろうと言われていましたが、実際にほとんどがアジア開銀の案件のようです。アジア開銀にいた中尾武彦氏が、指導してやっている。中尾氏の前のアジア開銀総裁は、日銀総裁になった黒田東彦《はるひこ》氏です。

田村　黒田、中尾と親中派が続きましたが、いまのＡＤＢ総裁の浅川雅嗣《まさつぐ》氏は、中国とは距離をとっています。３人とも財務官上がりですが、中尾氏はＡＩＩＢへの日本の参加を政府に強く勧め、協力してきた。黒田氏もアジア開銀総裁時代はアジア開銀が深くかかわったメコン川流域開発プロジェクトへの中国資本の参加を強く支持してきた。

黒田氏は日銀総裁時代の２０１６年1月にスイス・ダボスで開かれた世界経済フォーラム年次総会（ダボス会議）で、中国の資本規制による外国為替管理を擁護しています。ダボス会議では、黒田発言の2日前に為替投機家のジョージ・ソロス氏が「中国のハードランディングは不可避だ。これは予想ではなく、実際に目にしていることだ」と言い、人民元や香港ドルの暴落を見越した空売り攻勢の用意をほのめかしました。

北京の狼狽ぶりはすさまじく、国営通信社の新華社や党機関紙『人民日報』はソロス氏を「視力障害」「でたらめ」と罵倒したほどです。

黒田氏は日銀総裁として中国側を擁護し、中国側を喜ばせた。

中国の人民元は前年12月に国際通貨基金（ＩＭＦ）の特別引き出し権（ＳＤＲ）構成通貨となり、人民元は円を抜いてドル、ユーロに次ぐ第3位の「国際決済通貨」の座を獲得した。中国に対するＩＭＦの条件は金融市場自由化だったが、黒田氏が率先して現行の資本規制継続に賛同するわけだから、中国の国際公約違反を容認していることになる。

浅川氏は中国には批判的だが、黒田、中尾と続いたＡＤＢの親中路線をどこまで軌道修正できたかは不明です。

●「債務の罠」の肩代わりを日本がさせられる？

宮崎　アメリカの利上げが一帯一路に影響を与えていて、ドル建てにしているから返済が不能になる「債務の罠」がどんどん連鎖している。ところが、その破綻の肩代わりを日本がさせられるというばかげた話が出てきています。

ＩＭＦが救済に入れば、債権国は80％棒引きという原則があるにもかかわらず、その交渉に中国は乗らないで2国間で決着しようとする。しかも中国との契約書は絶対に秘密だから、契約内容がまったく公開されないのでわからない。

ただ、借金するほうも、たとえばパキスタンは戦後17回ぐらいデフォルトしているけれど、デフォルトしても気にしない。スリランカのゴタバヤ・ラジャパクサ前大統領は、軍用機でモルディブに逃げてそのあとシンガポールに逃亡しています。

田村　プロジェクトのお金を自分の懐に入れて、それをシンガポールの銀行に隠しているからですね。

宮崎　直近の動きに触れておきますと、3月29日、アメリカ上院財政委員会は、クレディスイス銀行が隠蔽してきたアメリカの納税者の家族が保有する1億ドルの口座に関して、犯罪的陰謀を指摘しています。アメリカの実業家らが2億2000万ドル以上のオフショア口座を隠蔽する手助けをしてきた。

クレディスイスが隠してきた口座は23。それぞれ2000万ドル以上の価値があり、7億ドル以上が米国司法省との司法取引に違反してきたのです。

ヘッジファンドの損失から、ブルガリアのコカイン組織によるマネーロンダリングを防げなかったことによる罰金まで、長年にわたる問題を抱えているクレディスイスは、なんだか鵺《ぬえ》的な行為に手を染めてきたわけで、スイス銀行への神話が崩壊したことを意味します。これが今後、大きく世界経済に尾を引くと思います。

シリコンバレー銀行（SVB）、シグネチャー銀行から始まってスイスへ飛び、AT1（永久劣後債）が紙くずとなって、最大債権者のサウジアラビアが悲鳴を上げた。現在全世界に出まわるAT1残高は36兆円、これが時限爆弾でしょう。

一方で倒産した銀行の預金者はアメリカでは25万ドルまで保護される（スイスは13万5000ドル）。救済合併で結局、資産2000億ドル以上の金融機関は救済されることになりモラルハザードが拡大します。

これって資本主義の弱肉強食ではなく社会主義ではないですか?

19世紀の銀行は取り付け騒ぎが頻発しても銀行の救済は無かった。そもそも米国には中央銀行がなかった。金融システムがないため、信頼は組織レベル、個人レベルで維持されていたのですね。南北戦争の前は民間銀行が独自の通貨を発行し、信用が失墜すると預金者は預金を下ろした。

1980年代初頭、イリノイ州コンチネンタル銀行が経営破綻に直面し、「大きすぎてつぶせない」と初めて救済措置が取られ、これが「救済文化」の台頭に繋がったわけでしょう。連邦預金保険公社(FDIC)は、SVBの預金者に対して行ったのと同じように、大陸の預金者に無制限の保護を拡大した。

1980年代のS&L(貯蓄貸付組合)が破綻したときも救済措置が取られ、つまりは弱肉強食のアメリカ資本主義が社会主義的な性格に移管したということです。

第2章　米中経済戦争で敗北するのはアメリカ

●米中経済戦争はいまのところアメリカの大敗北

宮崎　米中新冷戦が始まって、安全保障はもちろん、経済や通貨における米中の戦争がすでに始まったと見るべきでしょう。アメリカの覇権がしだいに衰退する方向に向かいつつあることは、疑いのない現象です。本来ならば基軸通貨ドルも弱くなるはずですが、むしろドルが強くなっている。アメリカはインフレが亢進して、２０２２年から急速に利上げを始めています。

２０２１年11月からアメリカは大慌てで緩和政策から緊縮政策に舵を切りました。２０２２年３月のＦＯＭＣ（連邦公開市場委員会）で、それまでのゼロ金利政策をやめて、０・25％の利上げを決定し、その後ＦＯＭＣが開催されるごとに利上げを継続して、直近の３月22日にも０・25％上げて、４・75～５・00％にまで金利を上げてきています。

このためドル高をもたらし、２０２２年10月には日本円は１５１円にまで円安に振れて大きな問題になりましたが、同様に中国にとっても人民元安になって、資金が流出する傾向が強くなっています。

私はこの3月に起きた保津川の観光船事故を連想しました。船頭が舵取りを間違えて岩にぶつかって乗客が投げ出され、船頭ふたりが亡くなりました。急に舵を変える（金利上げ）と、岩礁（不渡り、銀行倒産、ドル安）にぶつかる。

まさに利上げの弊害は、先日のシリコンバレー銀行の破綻などの副作用として表れています。これからリーマン・ショックのような金融恐慌が起こるかもしれません。いや、必ず起こると私は見ています。

田村　その前に、まずトランプが始めた貿易戦争ですが、バイデン政権になってからアメリカはボロ負けしています。図3のグラフを見れば一目瞭然です。

宮崎　アメリカが輸出するものは武器と穀物しかないんですから。

田村　これはアメリカ側の統計から取ったグラフですが、「中国との貿易収支」という一番下の折れ線グラフを見てください。トランプが貿易戦争を始めたのは2018年7月からですが、そのときには、アメリカの対中貿易赤字が3000億ドルぐらいに減っている。ところが2021年にバイデン政権が発足して、貿易赤字がまた4000億ドルになりました。中国からの輸入がV字形に増えています。元の木阿弥《もくあみ》です。

宮崎　バイデン大統領になってから、アメリカは対中貿易赤字を拡大させていて、米中対立どころか、アメリカの対中依存が高まっている状況ですね。

田村　図3のうすい灰色の棒グラフは中国からの輸入です。対中輸出を増やすはずが、若干は増えたものの、むしろ輸入拡大のスピードが速くなっています。中国からの輸入がどんどん増えている。

アメリカが強いのはまず半導体。そして通貨ドルと株式などの金融資産が強い。半導体のとくに設計のほうはアメリカが圧倒的なシェアを握っている。中国のシェアは、ほとんどない。

宮崎　ないというより、設計できないと思う。

田村　仮に台湾を占領してＴＳＭＣの下請け工場の生産能力を取ったところで、設計ができない。設計は圧倒的にアメリカが強い。

宮崎　設計と製造装置がなければ半導体はつくれません。オランダのＡＳＭＬとか日本の東京エレクトロンとか、半導体の製造にはさまざまな装置が必要ですが、中国にはそうした製造装置をつくる能力が、いまのところない。

田村　アメリカはいま中国のハイテク技術の進展を警戒して、経済安全保障を強化しつつありますが、いまのところ決して中国に蚕食されているわけではない。まだ中国のハイテ

図３　米国の対中貿易（億ドル／年）**と対全貿易赤字シェア**（％）

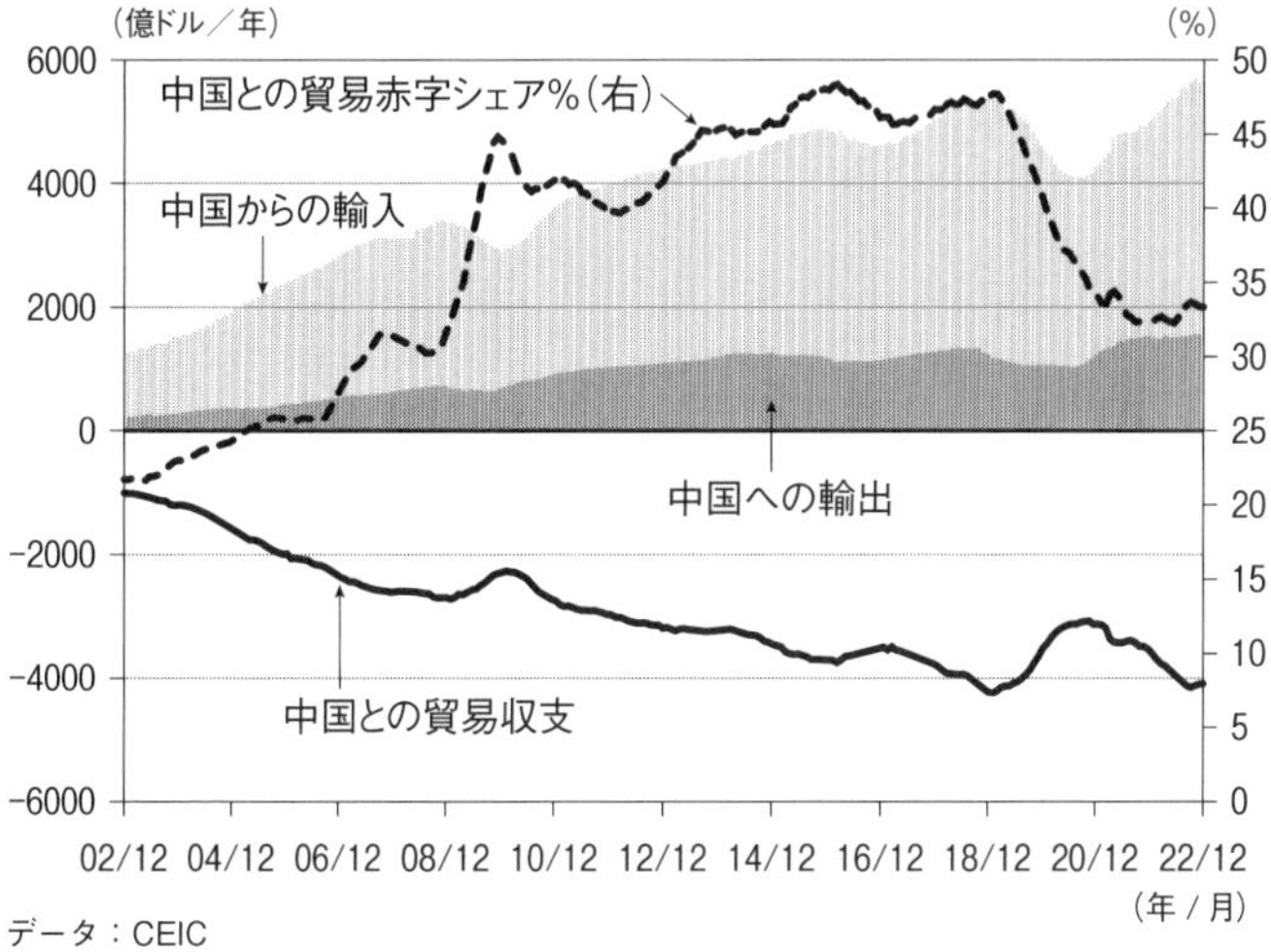

データ：CEIC

ク技術はとてもアメリカには追いつけない。

宮崎　設計のＡＲＭ（アーム）社は孫正義が、半導体メーカーのＮＶＩＤＩＡ（エヌビディア）に売ろうとしたら、中国が反対して売れなくなったといわれます。ＡＲＭは多国籍企業で中国にも法人があって、会社の定款に禁止事項が書いてあったのです。

経済安保の観点から懸念材料なのは、半導体装置メーカーの東京エレクトロンが、２００人くらいの社員を中国に送っていたことです。下手をしたら、中国で組み立てていると疑われかねません。

去年、東京エレクトロンの株価を見て

いたら、ものすごく乱高下していました。6万5000円の高値からすとーんと3万5000円ぐらいまで落ちて、いまは4万7000円くらいまで戻している。5万円の株だから、個人投資家はたぶん買えない。この間の株価の動きを主導していたのは、日本の投資家というより、おそらくアメリカの投資家でしょう。この乱高下はビットコインと同じです。

田村　バイデンから圧力がかかっているでしょう。半導体でも最新の14ナノプロセス以下の高精細なものは、アメリカが対中禁輸の対象にしている。日本は、絶対に抜け駆けなんてできません。

宮崎　日本では高市早苗さんが経済安保担当大臣でがんばっていましたが、総務省の行政文書の問題で足を引っ張られてそれどころではなくなった。かといって岸田首相は経済安保についてあまり動きそうにありません。

岸田首相は、一国のトップとしての政治目的やビジョンがまったくないですね。ただ首相になりたかっただけだと言われてもおかしくない。首相になるという目的を果たしたら、あとは抜け殻みたいなもので、いまひとつ覇気がない。

田村　高市早苗が頑張っても、実際に日本のメーカーや産業界が被害を受けるのですから、経済安保の決断はかなりむずかしい。中国との取引をやめろと言わなければいけないですから。

宮崎　彼女の場合は派閥がないのが致命的です。一匹狼じゃなくて、一匹女がどうやるのか。かなり難度が高いですね。保守のなかで高市ファンが多いことは知っていますが、政治家の器量とは、その人物の周辺に何人命懸けの政治家がいるかで決まる。

田村　半導体製造装置の主要な露光装置で有名なのがオランダのＡＳＭＬですが、トップメーカーのＡＳＭＬが対中輸出を完全に止めたら、日本も同調するというのがいい。日本からは率先して絶対に騒がないで黙っているのがいいでしょう。

宮崎　ＡＳＭＬも最先端ではない製造装置は中国に入れている。20ナノくらいのレベルの装置なら問題ない。しかし、アメリカは全面的に半導体輸出はストップした。半導体で敗北すると、他の分野はほとんど負けているから、半導体で負けたらお手上げになってしまいます。

田村　とくに最先端のＡＩにかかわりますからね。

宮崎　一番問題になるのは量子コンピュータですね。量子コンピュータはＡＩにからむからです。これからの戦争では、無人の戦闘機がＡＩの指令で飛ぶような時代になるだろうし、潜水艦だって無人潜水艦をいま中国は開発しているという話です。自爆ドローンは中国製が一番良いとか、ですよ。

田村　潜水艦は海軍で一番難しい技術です。とてもではないけれど中国軍が無人潜水艦を動かせるとは思えません。中国の潜水艦なんてどこへ行ってしまうかわかりません。

宮崎　アメリカから中国に輸出できるのは、武器は出していないから、穀物と航空機くらい。あとはなんですか。

田村　農産物のほかにはシェールオイルも入っていたはずですが、これがほとんど輸出に回っていない。アメリカはシェールガスが余っているはずなのにです。ロシアの天然ガス輸出を価格上限をつけたりして圧迫しているのに、アメリカがシェールを輸出していないのはとても変です。

宮崎　米国は民主党政権となったためシェールガス開発が中断され、左翼が環境問題で騒ぐのでシェール油田開発もレアアース鉱山開発もできなくなった。

それにシェールガスの産出には投資が必要です。シェール業者は高利のジャンク債でぎりぎりの採算でやっているから、シェールガスの値段が上がらないと生産ができなくなります。米国の石油備蓄は7億バレルから4億バレルに激減しました。国家備蓄を放出し始

図４　中国の国・地域別輸出（億ドル／年）

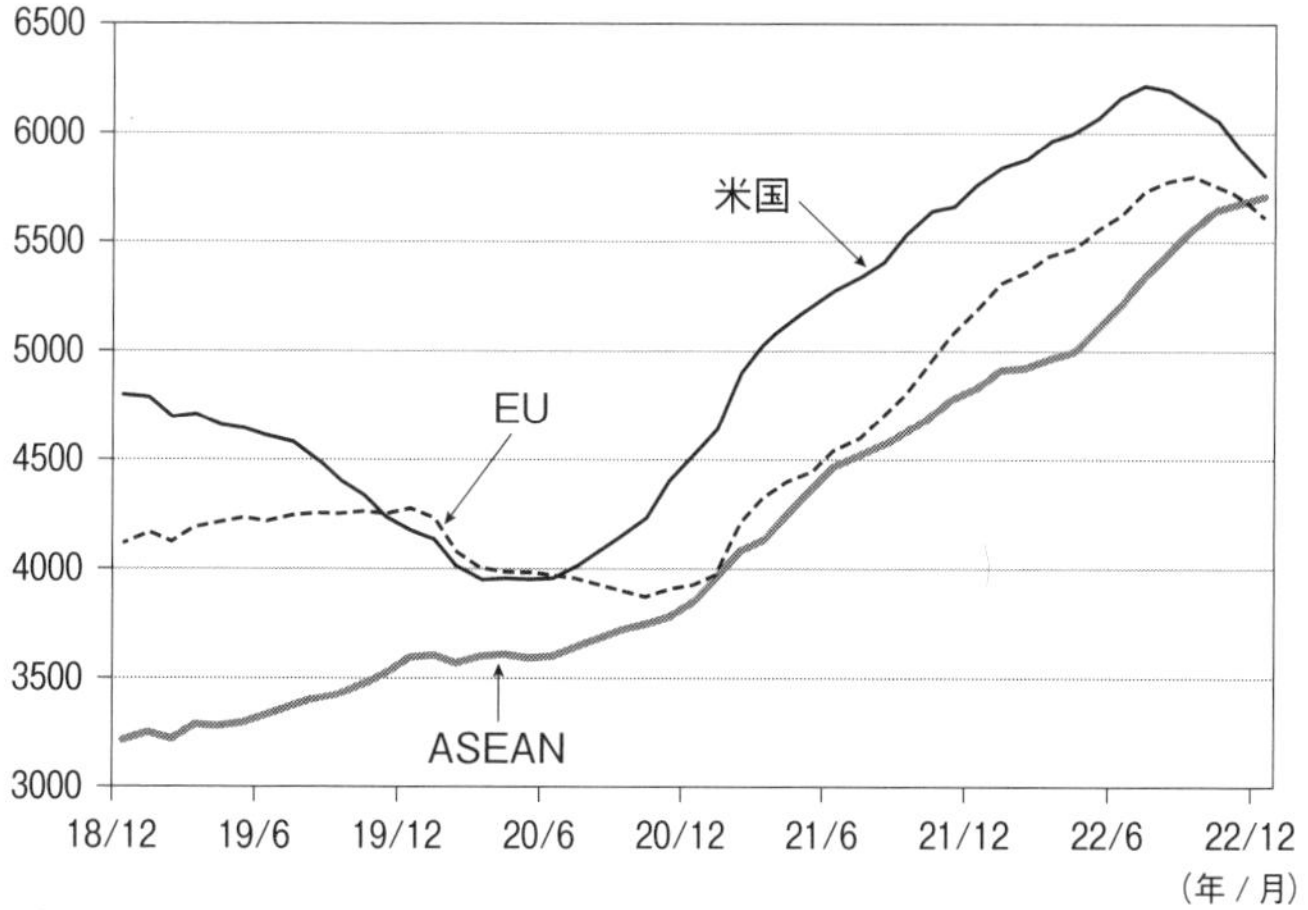

データ：CEIC、中国税関

めたからです。

いずれにしても、図３と図４のグラフを見るとアメリカは対中貿易戦争ではボロ負けですね。

田村　アメリカの貿易赤字自体が増えているので、中国の貿易赤字のシェアは下がっているのですが、赤字自体は増えている。

図４の地域別輸出は中国側の統計から取ったものです。中国が輸出を増やしているのはアセアン（ＡＳＥＡＮ）です。絶対量はアメリカが大きいのですが、伸びているのはアセアン向けです。

これは中国のサプライチェーンの勝利です。たとえばアップルがｉＰｈｏｎｅ

の生産を多少ベトナムに移しても、部品の供給は中国の工場から出すしかない。あるいは完成品をマレーシアやベトナム、インドに持っていっても、サプライチェーンの集積は中国本土にあるから、中国から輸入するしかないからです。

宮崎　要するに、メード・イン・マレーシアにすれば、アメリカの制裁の条件を外れるから、メード・イン・チャイナのラベルの貼り替えにすぎないということですね。

田村　そういうことです。したがって、アメリカの貿易赤字はむしろ増えている。

宮崎　アメリカの貿易赤字が増えているとすれば、本来ならば為替でドルを安く調整しないとアメリカの貿易収支が悪化することになりますね。

田村　アメリカは金融のほうが大きいので、貿易収支の問題よりも金融収支のほうが大事なので、強いドルのほうがいいはずです。

それに、トランプはアメリカ・ファーストなので、「アメリカ国内に製造業を戻せ」と大号令を発しました。しかし、それは必ずしもうまくいかなかったけれども、バイデンにはそういうスピリットがない。

宮崎　スピリットがないのはバイデンだけでなくて、アメリカの老人がもう働くのをやめたみたいです。アメリカの失業率が下がっているのは、高齢者を中心に労働するのをあきらめた人が大勢出てきているからです。また、働く意欲はあっても、職業安定所に行って登録しなければ失業者に加えないから、失業率の数字もマジックです。

●ドルを強くすると景気が悪化するアメリカのジレンマ

田村　アメリカの失業率の低下は不思議ですね。私も理由をいろいろ考えました。新型コロナの関係で現金支給がいろいろあってそれがまだ残っているのがひとつ。けっこうな金額を政府が出しましたから。

そしてもうひとつは株です。アメリカ経済は株で相当決まります。株価が高くなるとアメリカの消費は増えるし、設備投資も堅調になる。株価が順調であれば、経済的には問題が少ない。

宮崎　なにしろ時給20ドル出しても人が来ないんです。現金支給なんて社会主義的政策が拡大して、へたに働くより現金支給で遊んで暮らす人が増えた。大学授業料の免除への動きも、率直に言って米国から活気を奪いますよ。

株が落ちると米国では大統領は当選できないジンクスがある。家庭の65％ぐらいは投資信託を含む株で持っていて預金が少ないのが普通です。ところが、日本はまったく逆なので、株が下がっても政治家が責任をとらなくていいという非常にめずらしい国です。

田村　それから年金もほとんどが株式運用です。アメリカでは年金制度があまり問題にならない。それは株のおかげです。

宮崎　カルパース（カリフォルニア州職員退職年金基金）など、巨大な年金基金がたくさんあります。債券運用が主流ですが、株や投資信託も多くなっているようです。

ということは、アメリカの通貨政策としては、やはりドル一強にして資本収支のほうで儲ける方向に行かざるをえないということですか。

田村　やはり金融で勝負する方向ですからドルを強くする。ドル安にするわけにはいかない。

問題は金利です。金利の上昇がおさまらないと、アメリカの実体景気を悪くします。いま「アメリカの景気が悪い」と言う人もいますが、失業率や賃上げの動向を見たら、景気が悪いとはとても言えない。

宮崎　それなら高金利政策は高どまりするまで進むことになるけれど。他方で住宅販売が落ちています。中古住宅はまったく売れない。金利が上がったからです。

田村　その金利が問題です。アメリカは金利を上げて資金が流入してこないと困る。そうすると、やはり同盟国である日本頼みになる。コンスタントにきちんとお金を運んでくれるのは日本しかないですから。

宮崎　しかも、さきほども言ったように中国がドルの外貨準備を減らしていて、外貨準備がいま一番多いのは日本です。日本の外貨準備は基本的に米国債で運用されていますからね。

田村　米国債は結局、日本と中国の動向が一番影響します。いま中国は、それほど大きくドル売りはしていませんが、日本がドル売りを拾っている。

宮崎　ただ、中国が持っているアメリカの国債は、ドルの担保みたいなものだから、急に全部を売却するなんてことはできない。

田村　減らせません。中央銀行同士の不文律みたいなものがある。中央銀行同士でお互いの帳簿をつけ合っている。結局、帳簿上の数字が変わるだけですからね。

　米国債を管理するのは全部、ニューヨーク連銀です。中国だろうが、日本の財務省、日銀だろうが、通貨介入するときは、米国債をディーリングすることになる。これはニューヨーク連銀と事前に相談して了解をとらなければできません。

第3章　デジタル人民元は世界に通用するか

●中国の「デジタル通貨」はドル基軸通貨体制への挑戦

宮崎　およそ1000年前、日本で硬貨が本格的に流通し始めたころ、中国は紙幣を発明している。日本で紙幣が普及するのは明治維新以後ですが、江戸時代には藩札、幕末には西郷札が代表するように私募債の一種もあった。藩札の多くと西郷札は裏打ちの財源がなかったために紙くずとなりましたが。

いま、中国政府は「デジタル通貨」をつくり出した。もし人民元が大きな力を持つとすれば、それはいま中国政府が進めているデジタル人民元になるでしょう。ドル基軸体制への正面からの挑戦です。デジタル人民元で中国は、何を狙っているのでしょうか。

田村　一番の理由は国内のデジタルマネーが普及することで、中国政府の通貨発行権が侵害されるからでしょう。アリババ（アント）のアリペイとかテンセントのウィチャットペイに圧力をかけて、デジタル人民元に吸収しようとしています。民間の暗号資産にお金が流れ込んでしまうと、政府の管理できないお金が増えてしまうからです。

宮崎　中国にとってとりわけ危険だったのは、ビットコインやイーサリアムなどの暗号資産でした。国境に左右されず、規制が届かない暗号資産は、「国家管理経済」という中国政府のヴィジョンに反するからです。

とりわけ暗号資産は資本逃避の手段になるために、中国ではすさまじい量の資本が海外に流出していました。胡錦濤の時代なんて規制も何もなくて、やりたい放題でした。

田村　当時は、海外に出るお金が1兆ドルを超えていました。習近平がそれを徐々に締め上げていって、２０２１年９月に暗号資産のマイニングを法律で禁止する通達を中国政府は出した。これは、５月に実施されたマイニングの取り締まりを引き継いだものです。もうひとつは、すべての暗号資産取引を違法とした。これでビットコインもイーサリアムも中国では完全につぶされてしまった。

こうした中国政府の金融規制に対して、中国で一番成功したビジネスマンとして著名なアリババのジャック・マー（馬雲）は「中国の銀行は質屋の感覚で営業している」と講演のなかで本当のことを言ってしまったので習近平に睨まれて、彼の会社は実質的に政府に乗っ取られてしまった。

宮崎　海外に出ていたジャック・マーは、まずスペインに行って、次にオランダに行って、どちらも農業研究所を訪ねています。ごく最近では日本にも来ていて、箱根の豪邸に住んでいたとも言われている。日本では、近畿大学のマグロの養殖場へ行ったようです。こうしたマー氏の動きを見ると農業や漁業など食料問題にテーマを絞っているように見えます。

田村　日本の近畿大学の養殖技術は大成功していますからね。食料問題に目をつけるところがジャック・マーらしい。

宮崎　それはジェスチャーだけなのか、それとも真剣に次のビジネスをアグリビジネスと狙い定めているのか、その辺はわかりません。ただ、アントの株式の50％強を持っていたジャック・マーは、中国政府に会社を5つに分割された挙句に株の過半数を握られて、ほとんどいまはゼロになってしまったので、アントの経営からは完全に撤収したと言えるでしょう。中国政府は、株式を手放すことを条件に上場を認めた。近くＩＰＯ（新規株式公開）が実現するでしょう。ただしその場合、あまり魅力的ではなくなっているでしょうが……。

ジャック・マーが表舞台に立てなくなったのは、もちろん中国の金融当局を批判したこともありますが、独自の電子マネーであるアリペイが中国で圧倒的なシェアを握ったことが一番大きな理由でしょう。

ジャック・マーは1年にわたる海外逃亡から、逆に中国共産党に請《こ》われ、中国に帰国しました。新首相になった李強が中国のイメージを好転させるためにジャック・マーを宣伝材料としたわけです。

さて中国のデジタル人民元発行の意図は明確です。かの国は独裁政党がまつりごとのすべてを支配する。民間企業にデジタルコインを使われると、政府が管理できないお金がどんどん出てきて通貨システム全体がおかしくなる。

中国人民銀行の幹部が「中央集中管理によりマネーロンダリング、麻薬、テロ資金送金を効果的に取り締まれる」と発言したように、中国では、すべての資本移動が金融規制当局の監督管理の下でおこなわれるのが原則だから、民間のデジタル金融機関の存在は否定される。それでアリババ系アントは上場延期に追い込まれた。

テンセントのウィチャットペイも同様で、こうした民間の電子マネーで培った金融テクノロジーを中国政府が主導するデジタル人民元につなげて推進しようとしているようです。

●中国はデジタル人民元で通貨覇権を握るか？

田村　私の理解では、中国人民銀行のデジタル通貨というのは、完全に個人情報や企業のあらゆる情報を全部入れたものにする。それが一番の主眼だろうと思います。

宮崎　すべての金融取引に関する情報を政府が握るということですね。その目的や手段はわかるんです。人民管理としてそうなんだけれども。銀行の通貨発行量とデジタル人民元の通貨の元締というか、この整合性をどこに置くのかがわかりません。

デジタル通貨はスイカやドトールカフェのカードのようにプリペイドではない。紙幣がデジタルになる。世界のキャッシュレス決済率で韓国と中国はダントツで、現金を使えないという店もでている。西欧、シンガポール、豪州などもキャッシュレス比率は高く先進工業国でいまも現金払いの国は日本とドイツくらいです。

田村　おそらくデジタル人民元は、ブロックチェーンの技術を使うことで信頼度の高いデジタル通貨のシステムを構築しようとするでしょう。

ただ人民元の場合、問題は中国人民銀行が個人の口座開設を許すかどうか、認めるかどうか。そうでない場合は、従来どおり中国工商銀行とか中国建設銀行とか中国農業銀行とかに紐づけることになるでしょう。

宮崎　そうしたら、クレジットカードとまったく同じですね。そこがまだ決まっていない。だから、まだデジタル人民元の実験をしている。

田村　そうです。まだ中国人民銀行とユーザーとのダイレクトなやり取りにすぎない。ビットコインだと世界のどこでも、資金の移動や決済ができる。そもそもビットコインのような暗号資産は、勝手に貨幣創造というか、勝手に価値創造してしまうわけだから。デジタル人民元はそうではない。

政府紙幣を発行しようとした為政者はすべて暗殺された

宮崎　基本的なことを言うと、通貨発行益（シニョレッジ）は中央銀行が管理するのであって、それを他に移すとなると大問題になります。それこそ政府紙幣の発行をやろうとしたエイブラハム・リンカーンが暗殺されたように危ないわけです。

ビットコインなどの暗号資産を最初は中国も認めていました。アメリカもそうでしたが、中国も暗号資産のトリックに引っかかったことに気づいた。ビットコインなどの暗号資産は、法定通貨にはなりえない。

ビットコインなどは要するに、先物取引のコモディティです。だから最近では、こうしたデジタルマネーを仮想通貨とは呼ばずに、暗号資産と呼ぶようになっている。あくまでも暗号化された電子的なコモディティという扱いです。

習近平は、ビットコインなどの電子マネーを全面禁止にした。ビットコインの信用創造はブロックチェーンの暗号を解読することで生まれる。それを金などの貴金属の採掘と同じ用語でマイニングと言います。

このマイニングにはコンピュータを使って暗号解読のための計算をさせなければいけない。大量の電力を使うので電気代が安くないと割に合わないので、かつては中国がマイニングのシェアは世界でもトップでしたが習近平がビットコインを禁止したので、中国国内でマイニングはできなくなった。いまはマイニングはアメリカが一番、次にウズベキスタンあたりが多くなっているようです。

田村　ビットコインなどの暗号資産は、採掘によって価値が決まるようになっているが、埋蔵量が制限されているから、希少価値が上がって価格がどんどん上がる仕組みです。なおかつ、それが取引されるから、そのときの売買価格がまた上がっていくという、そういう循環で売買されてきた。

レストランの支払いをビットコインでするところもありましたが、その後値上がりを狙った投機対象といった性格が強くなった。あるいは、ハッカーがランサムウェアをＰＣに仕組んで、データを人質にしてビットコインで払えというのにも使われている。

宮崎　ビットコインは過去1年間で61％も暴落（566万5009円から、1月6日には222万7911円）しています。

そして暗号資産取引大手のFTXの倒産があって、デジタル通貨市場から60兆円ほどの時価総額が消え、米連邦議会では促進派だった「ブロックチェーン8人組」が立場を失った。FTXから政治献金を受けて規制緩和に動いた議会人たちです。

ニューヨーク検事局は民主党の議員から事情聴収を開始。FTXのバンクマン・フリード前CEOはバハマ諸島で拘束されてニューヨークへ移送されましたが、民主党のPAC（政治活動委員会）に7000万ドルを寄付した。この金額はジョージ・ソロスより多く、明らかな政治的意図があってのものでしょう。

またベン・マッケンジーという俳優はFTXに投資していたらしく、議会証言で「暗号通貨など最大のポンジスキーム（ネズミ講）だ」と言い放ち、FTXの広告塔として担がれた大坂なおみ、大谷翔平等が詐欺に加担したと訴えられていました。

●ビットコインに前向きなのはアフリカ諸国

宮崎　ビットコインは暴落していますが、一方でアフリカ諸国がビットコインなどデジタル通貨の普及に前向きになっている。その理由は、暗号のマイニングなど複雑な電子工学的理解を深めたからではない。英国、フランス、ベルギー、ドイツ、そしてイタリアの植民地だったルサンチマンから、「ＩＭＦ・世銀体制からの解放」として暗号通貨を位置づけているからです。

２０２２年12月５日から７日までガーナのアクラで開催された「アフリカ・ビットコイン会議」には多くの参加国が馳せ参じた。このうち西海岸諸国の14カ国は依然としてフランスから通貨管理をされている。それゆえに「限界までテストを重ねる」という総括となり、２０２３年３月にはナイジェリアで次の「アフリカ・ビットコイン会議」が開催される予定です。

もっとも参加者のなかにはシニカルな批評家も混じり、「雨が降るとガーナでも、コンピュータがダウンする」、電力供給の不安定と通信網の脆弱性、さらにネット上の詐欺、ペテンの横行など障害要因を挙げている。

私は貿易会社を10年ほど経営していたのでよく知っていますが、国際貿易で一番詐欺やインチキ信用状が多いのはナイジェリアです。歴史の古いエチオピアでもビットコイン規制を緩和し、その運用に前向きとなっている。エチオピアも中国からの借金に喘いでいます。

各国の取り組みに歴然と温度差がありますが、中国、ロシアの暗号通貨への猜疑心より、そのIMF・世銀体制ならびにその具体的実践武器であるドル基軸通貨体制への挑戦にアフリカ諸国とBRICS諸国が引きつけられている構図が見えます。

●暗号資産とデジタル人民元は根本的に違う

田村　ビットコイン系の暗号資産とデジタル人民元は根本的に違います。デジタル人民元は、CBDC（セントラル・バンク・デジタル・カレンシー）と言われている中央銀行のいわゆるデジタル通貨です。

中央銀行が発行する通貨は、①価値尺度、②流通手段（決済）、③価値貯蔵、という3

つの機能を持っていて、個人の小額の取引、支払いはもちろん、預金あるいは資産として増殖できる。このうち貯蓄については、デジタル化した人民元は、人民銀行が市中銀行と同じ役割を果たさなければいけなくなるでしょう。

宮崎　そうすると、中国人民としてはこんなものを持ちたくないですよね。

田村　全部、共産党の監視下に置かれるわけですから、みんな把握されてしまうから持ちたいはずがない。セキュリティ上の問題もある。ハッカーによって攻撃されて、データバンクがむちゃくちゃになったら全部だめになる。そうならないようにブロックチェーンの技術を利用すると言っている。

いちおうブロックチェーンを使えば、デジタル通貨に保存された金額は担保できるけれども、それも実際にはどうなのか、やはり未知数のところがあります。

宮崎　ブロックチェーンを使わなければ、デジタルなんて一瞬で吹っ飛びます。この世から一切存在しなくなって終わりです。

田村　習近平にとって資本逃避が一番の頭痛の種です。デジタル人民元なら、資本逃避させないようにできる。お金の流れをがんじがらめに監視できるというのが、中国にとって、デジタル人民元の最大のメリットじゃないか。

宮崎　問題なのは、中国国内だけでなく他国も当然使えなければいけない。そうすると、他国もその仕組みを導入しなければいけなくなります。

田村　他国がデジタル人民元のシステムに参加した場合、デジタル人民元で決済ができる。そこは問題ない。しかし、貨幣の３つの機能のうち、いまは価値の貯蔵手段が大事になっている。これが金融市場とか金融資産ということで、いまの金融は貨幣のこの側面が非常に大きくなっている。

ところが、ここで中国で一番の問題は、金融資産市場という株式と債券は、アメリカはもちろん日本に比べてもきわめて貧弱だということです。しかも規制でがんじがらめです。こんな通貨をほかの国が貯蔵するわけがない。

貿易のバーター取引をやるのはいい。たとえばロシアから天然ガスを買うときに、中国は工業製品をロシアに売る。それはビットコインというデジタル通貨でやっても別にかまわない。ただ、いくら人民元の資産としてそれを持ったところで、どうやって使うのかという話です。

●東京オリンピックでデジタル人民元の実験をやろうとしていた？

宮崎　中国がデジタル人民元の研究に突入したのは意外に早くて、２０１４年には中央銀行に専門チームを設置して、２０１９年には実験を開始しています。

実際に２０２０年４月から深圳など四都市で実験を開始し、抽選で５万人に２００元のデジタル人民元を配っています。

同時に法律面では「人民銀行法改正法」を成立させて、デジタル通貨を正式に認めています。２０２３年４月現在、デジタル人民元の実験は広東、昆明、武漢、杭州など中国全土40都市で行われている。

ただ、デジタル人民元を使いやすくするためには、決済が可能な信頼できる相手国がなければいけない。その相手国として日本を使おうとしているのかもしれない。日中の金融は、アジア開銀（ＡＤＢ）を通じた人脈がつながっていますからね。

田村　異次元の金融緩和をやった黒田日銀総裁も元アジア開銀総裁でした。さきほども言ったように、アジア開銀は、中国の一帯一路をファイナンスするＡＩＩＢに相当程度協力していて、親中的といってもいいでしょう。

宮崎　ＳＢＩグループの北尾吉孝ＣＥＯはいま、日本の地方銀行をまとめて地銀の再編を精力的にやっています。金融庁も取り込んで、金融庁の人間が、北尾氏のところへ天下りで大勢行っている。

この地方銀行が人民元預金を始めたり、あるいはクレジットカード会社とつなげてクレジットカード会社経由でデジタル人民元を扱うということも考えられます。

実は２０２０年の東京オリンピックのときに中国は日本のクレジット会社を経由してデジタル人民元をつなげる実験をやろうとしていたらしい。ところが、新型コロナ騒ぎになって結局、翌年に開催された東京オリンピックは、無観客になったので、それはできなかったようです。

田村　その場合は人民元預金を持つということになるんですか。

宮崎　そうなるんじゃないですか。

田村　預金の利子は日本よりも全然高いからね。そういう意味では、預金者がそこにつくのはありえます。ただ、中国の資本規制とどういう関連があるかですね。

デジタル人民元も含む人民元の資産運用は可能でしょうが、最後に残った人民元の金融資産をドルに換えたり、円に換えたりしたいというときに、自由に引き出しができるかという問題が発生します。人民元の持ち出しは、いま1人当たり年間、5万ドルです。

宮崎　中国は極めて厳しい外貨持ち出し制限をしています。外国人の個人口座からの引き出し額は年間5万ドルまでに規制されている。そのうえ3月からは公務員の海外出張を厳しく制限し始めています。

世界的な投資家として知られる前テンプルトン・エマージング・マーケット・ファンドCEO、マーク・モビアス（現「モビアス・キャピタル・パートナーズ」会長）は「中国投資から撤退中だが、上海のHSBC（香港上海銀行）の私の口座からお金が引き出せないことになった」とFOXニュースのインタビューで語っています（2023年3月2日）。

いまは中国の銀行の1年定期の利息が、たしか3・75％ぐらいです。ただし、人民元のレートがいまは19円、20円ぐらいですが、もう少し落ちるような気がする。10年前は一時、12円でした。年初来、じわじわと落ちている。

田村　図5のグラフでもわかりますが、「習近平の10年は元切り下げ」とあるように人民元のレートはずっと下がってきている。習近平政権の10年というのは人民元の切り下げの歴史です。GDPは上がっているが、人民元は対ドルでだいぶ下落している。2022年

図５　習近平の10年は元切り下げ

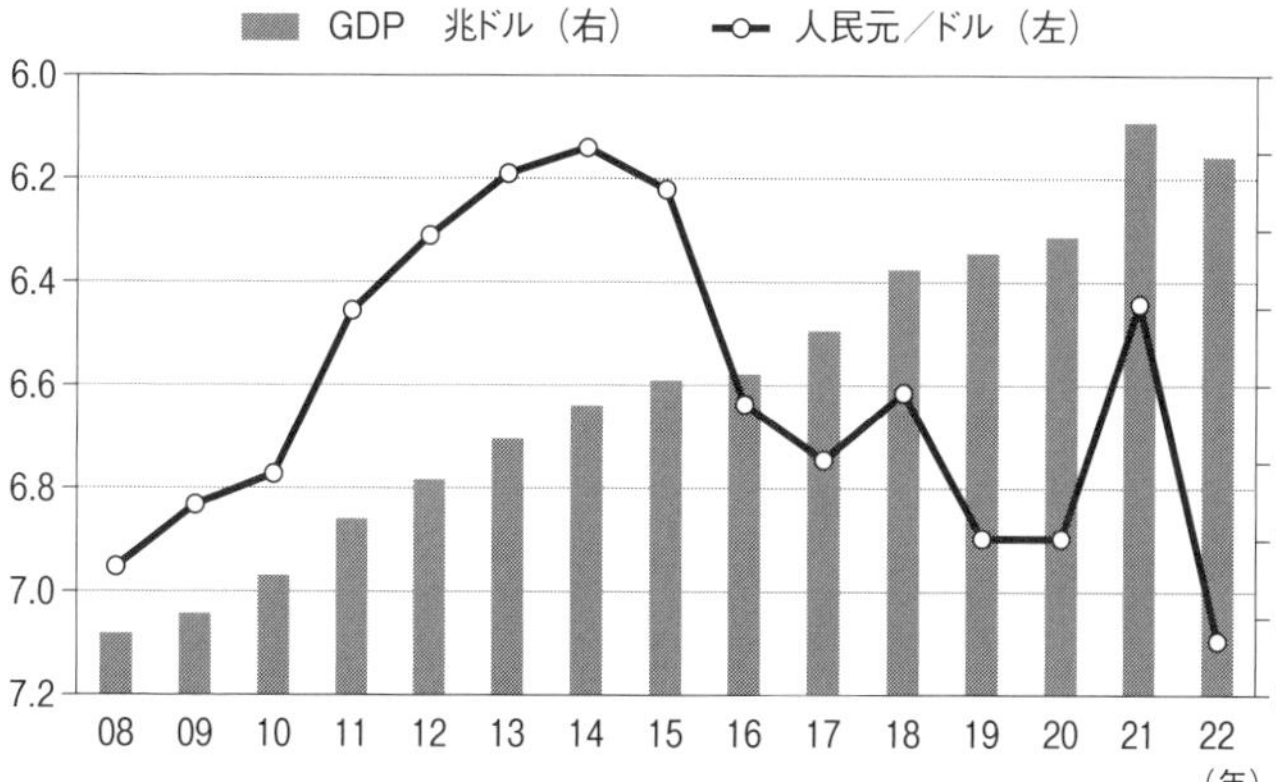

（注）2022年は21年10月～22年9月の名目GDPを1ドル＝7.1元で換算

図６　習近平政権10年間の主要経済項目の前年比増減率

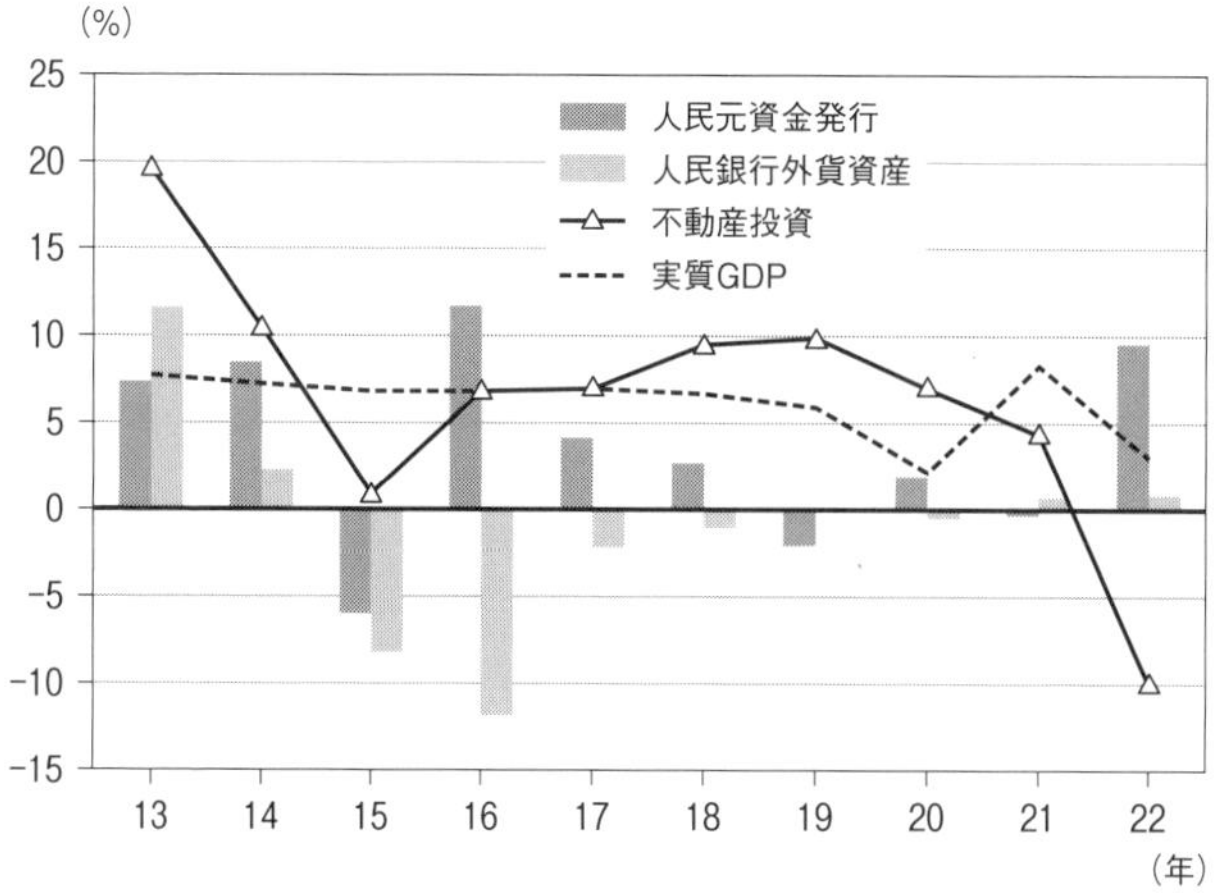

データ：CEIC

はドル換算したら、ＧＤＰはマイナスになっています。切り下げで元安になっているからです。

宮崎　ところが、対日本円レートでは全然下がっていない。

田村　そうです。ところがドルベースで見ると、中国経済はマイナス成長なんです。

宮崎　ドルベースでなくても、マイナス成長とも言われている。中国が発表している成長率が４％というのも妄想に決まっています。それにしても、通貨の信任というのは、要するに香港ドルと交換して、その範囲内でしか人民元を発行しないから安定通貨だったのに、人民元が切り下げになっているというのは、どういうことだろう。習近平政権の10年で元が切り下げになっているというのは、どういう意味なんでしょうか。

田村　２０１２年を起点にして考えればよくわかります。習近平は、２０１２年の党大会で総書記になりましたから、そこから習近平体制が始まっている。

中国は安い人件費で製品をつくって世界に輸出して利益をあげてきたわけです。それで稼いだ外貨に見合った分だけ、人民元を刷って、高度成長をしてきた。

宮崎　だから、人為的に切り下げて輸出を増やしてきたということですね。為替操作は国際社会では認められていません。アメリカは為替操作国をリストアップしているはずですが。

●人民元という通貨システムそのものが為替操作

田村　中国は、人民元の為替を安くして輸出競争力を維持していることになりますが、じつは中国の人民元という通貨システムそのものが、為替操作そのものと言っていいものなんです。

宮崎　まったくその通り。

田村　人民元のレートは、日々、前日の終値を基準にして、上下２％で変動させることになっている。この変動幅の上下２％というのは、それなりに確かに変動はする。それがまずくなったらその基準レートを下げるわけです。

宮崎　２０１５年に人民元の為替は米ドルにペッグされていたものが、若干でも変動幅を許容したというのを理由にして、ＩＭＦのＳＤＲ通貨バスケットに人民元を入れることを決定した。これはほとんど詐欺みたいな話でした。

決めたのは、当時ＩＭＦの専務理事だったクリスティーヌ・ラガルドです。ラガルドは中国から便宜《べんぎ》を受けていたはずです。習近平夫妻と並んで写真を撮っています。

田村　一時、ラガルドはＩＭＦ本部を北京に移してもいいとまで言っていた。ラガルドはいまはＥＣＢ（欧州中央銀行）の総裁です。

この２０１５年の夏に中国市場が大暴落しました。このときに中国はアメリカのオバマ政権に泣きついた。当時のＦＲＢ議長はジャネット・イエレンでした。ＦＲＢは利上げしようとしていたが、中国に泣きつかれて、利上げを待った。アメリカも中国経済を崩壊させたくない意向があったわけです。

宮崎　ラガルドはフランスで起訴されて裁判になりましたが、いつの間にかゴマかして生き延びてきました。イエレンはバイデン政権に加わって、いまや財務長官です。だから欧米と中国の金融人脈はグルかも知れませんよ。

第4章　アメリカは中国をふとらせてから食べる

●リーマン・ショックの巨額財政出動が中国を肥大化させた

宮崎　中国のＧＤＰが日本を抜いて世界第2位になったのは、２０１０年のことでした。この中国経済の拡大について、ひとつの仮説があります。

中国は、２００８年のリーマン・ショックのときに4兆元（当時のレートで56兆円）の財政支出をしました。中国は、この巨額の財政支出をしたことで、世界経済を牽引したと威張っていますが、その4兆元の財政支出のおかげで中国はＧＤＰを急激に伸ばしたのではないかというわけです。

田村　確かに中国は2ケタ成長の高度成長をして一気に日本のＧＤＰを抜きました。それを可能にしたのはアメリカの超金融緩和政策です。

宮崎　財政支出をした国は経済成長するという典型例が、中国の4兆元の財政出動だった。そしてその財政出動のお金をアメリカがドルを出して裏付けした。

田村　アメリカはリーマン・ショックで、当時のＦＲＢ議長のベン・バーナンキが巨額の量的緩和を始めた。アメリカが緩和で出したお金の相当額が全部、中国に行ったことにな

図7　リーマン・ショック後のドルと人民元の資金発行

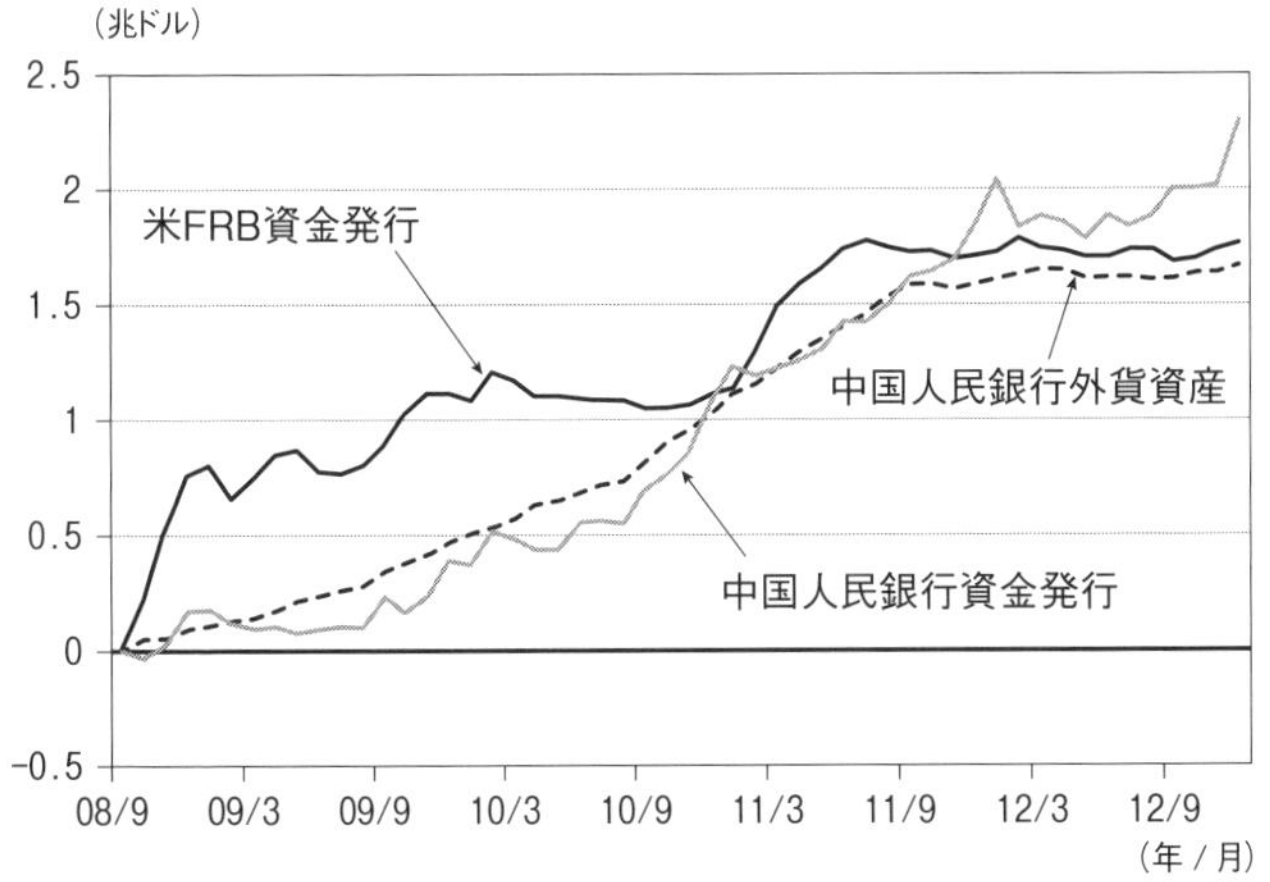

データ：CEIC、中国人民銀行

る。この様子は図7を見ればわかります。

リーマン・ショックを受けてFRBはすさまじい勢いでドル資金を発行し、まずは紙切れになりかけた住宅ローン抵当証券、次には米国債を金融機関から買い上げ、市場金利を引き下げます。

この結果、米金融市場には超低金利のドル資金があふれ出して海外に向かいます。

中でも、成長市場で高収益が見込める中国が最大の投融資先です。中国に流入するドルを中国人民銀行は吸い上げ、人民元資金を大量発行する。

中国は米国に同調して量的金融緩和を進めるのですから、中国政府は難なく国債を増発し、巨額の財政出動に踏み切れたのです。

ＦＲＢは3段階で量的緩和に踏み切ったのですが、２０１０年末には２００８年9月に比べ、ドル資金発行増加額は１・１兆ドルで、中国人民銀行の人民元資金発行は1兆８００億ドル、中国人民銀行の外貨資産は1兆２００億ドルとほぼ一致しています。人民元資金はまさにぴったりとドル資金発行にくっつき、ＦＲＢが２０１２年に量的緩和を一段落させると人民銀行外貨資産の伸びは止まり、人民元資金発行増も頭打ちになったのです。

それればかりではありません。党中央は中国人民銀行の量的拡大に合わせて国有商業銀行に対し、新規融資の大幅拡大を命じた。中国人民銀行からふんだんな資金供給があるので、市中金融機関はそれっとばかりに融資を増やします。こうして新規融資規模は２００９年で前年の2倍に膨れ上がり、以降も増加を続けます。

中国の国内総生産（ＧＤＰ）は２００８年が32兆元、２００９年は34・８兆元ですが、新規融資額は２００９年には14兆元に上り、不動産を中心とする固定資産投資を増やし、固定資産投資が4割以上を占めるＧＤＰを引っぱり上げたのです。

宮崎　ということは、アメリカと中国が結託してやったわけですね。あのときの財務長官はヘンリー・ポールソンで、彼はパンダハガーで有名だった。元ゴールドマン・サックスの会長で清華大学でも教鞭をとるなど、中国通で知られていました。

田村　中国通というより、ずぶずぶの関係だった。だからリーマン・ショックが起きたときにポールソンが真っ先に中国の要人に助けてくれと電話をかけまくった。中国はモルガン・スタンレーなど、アメリカの投資銀行にかなり出資していた。それが紙くずになるかもしれない。さすがの中国共産党も紙くずにされるのは勘弁してほしいということでしたが、結局、中国側は困ってしまって断った。だから、日本に要請が来た。その電話を受けたのが、日本の財務大臣だった中川昭一でした。中川財務大臣は検討してみると答えてくれて助かったとポールソンの回顧録に次のように書かれています。

10月13日（月曜日）　多くのアメリカ人にとって休日であるコロンブス・デーのこの日、疲弊した財務省のチームに朗報がもたらされた。三菱ＵＦＪによるモルガン・スタンレーへの出資が、ついに実行されたのだ。モルガン・スタンレーの株価下落を受けて条件は変更されていた。三菱ＵＦＪは出資の見返りとして、モルガン・スタンレーの優先株を受け取り、議決権の21％を得ることになった。これまでの条件は、普通株と優先株を（組み合わせて）受け取るというものだった。この日の朝、額面90億ドルの小切手がニューヨークのモルガン・スタンレー本社に届けられた。

（『ポールソン回顧録』、日本経済新聞出版、２０１０年10月）

宮崎　なるほど、結局、日本の三菱ＵＦＪ銀行が資金を出したけれど、電信で送ると間に合わないので、90億ドルの小切手を飛行機で持っていったと言われているわけですね。

田村　中川昭一さんが２００９年２月に１０００億ドルの米国債をＩＭＦに付け替えたものだから、それで中川昭一は朦朧《もうろう》会見事件を起こされて、失脚させられて、同年10月に自宅で亡くなるんです。

あのとき、中川昭一と付き合っていたから、よく知っています。リーマン・ショックがあってひと月もたたないうちにＧ20の初回の会合があった。財務相と中央銀行総裁がホワイトハウスに行ってお昼に歓迎のパーティがありました。

そのときに、「対北朝鮮の制裁をアメリカが解除する」という情報が入った。それで中川昭一は怒ってしまって、ホワイトハウスのローズガーデンにいたジョージ・Ｗ・ブッシュ大統領に駆け寄って「大統領、なんということをするんですか」と言って抗議したら、ブッシュは泡を食ったようで、「そこにコンディーがいるから、コンディーに聞け」と言った。国務長官のコンドリーザ・ライスです。それでコンドリーザ・ライスのところへ行こうとしたら、中に入れなかったという話です。

そこまで日本の大臣が大統領につめ寄った。おそらくホワイトハウスは相当怒ったでしょう。

その話をなぜ私が知っているかというと、中川昭一財務大臣が、日本とのパイプ役のアメリカの国防総省の元幹部が日本に来るときに、私が通訳をやっていたからです。「私の英語では通訳はむずかしい」と言ったけれど、中川昭一が私を信用してくれて、「それで十分だから私の通訳をしてほしい」と言う。だから、財務大臣室に財務省の役人はだれ一人入れないで、私だけがアメリカの要人との話し合いを通訳した。

そのときに中川はすごい剣幕で「あなたはホワイトハウスに報告に行くだろう。だったら、日本は、絶対にアメリカのキャッシュディスペンサーにはならない」と伝えてくれと言った。この要人は神妙な面持ちで「はい、必ず伝えます」と返答したのです。

宮崎　それは、リーマン・ショックの2008年の9月15日以降の話ですね。

田村　10月に先進7カ国財務相・中央銀行総裁会議に出席した際、IMFに新興・中小国向けの新たな緊急融資制度を設けることを提案した。この緊急融資制度は「中川構想」とも呼ばれている。この「中川構想」に基づく制度は各国から高い評価を受け、実際に救済された国があります。ウクライナ、ベラルーシ、パキスタンが、緊急融資を受けることで救済された。

そして、2009年2月13日に中川財務・金融相は日本政府が表明していたIMFへの1000億ドルの融資を実施する合意文書に正式に署名しています。当時IMFの理事長だったドミニク・ストロス＝カーンと示し合わせて、1000億ドルの米国債をIMFに付け替えたわけです。

宮崎　2009年の2月に、ローマでG7の財務大臣・中央銀行総裁会議があって、そのときに中川財務大臣が酩酊状態で会見に出て醜態をさらしてしまった。あれは左翼メディアの意地の悪い演出映像でした。しかも執拗に繰り返したのです。そのとき一緒だったのは、財務省の玉木林太郎氏と篠原尚之氏で、両方とも出世しています。篠原氏は国際金融局で退官後、IMF副専務理事になった。玉木林太郎氏はOECD（経済協力開発機構）の事務次長になった。

田村　玉木林太郎氏はOECDへ行って、ワインと美食の毎日だと自慢げにある会報誌に寄稿していました。

パリのＯＥＣＤ本部の通称は「シャトー（城）」です。シャトーはフランスの魅力あふれる場所で、フランス国王のルイ15世の愛人が住み、ルイ16世がマリー・アントワネット妃と結婚式を挙げたことで知られている。１９２２年には金融王のロスチャイルド家が買い取り、いまのシャトーを建てました。

シャトー勤務は日本人に限らず各国の高級幹部の垂涎《すいぜん》の的です。幹部となって赴任する官僚は、そこでにわかセレブ生活を満喫する。各国代表はアルコール（ワイン）とコレステロール（フォアグラ）のとり過ぎに注意すればよい。

気楽なものだ、と言っても、高級官僚に仕事はちゃんとある。日本人官僚がシャトーで負う最大の責務は本国の出身官庁を代表し、国ならぬ省の利益を大いに高めることです。

２０１１年に事務次長として財務官僚ナンバー2の財務官から転出した玉木林太郎氏はワイン通で知られます。２０１７年5月までシャトー・ライフを楽しんだが、何よりの「功績」は消費税率引き上げの対日勧告路線をＯＥＣＤに敷いたことでした。巨額の国費を提供する代わりに、官僚が天下りして高級ワインと美食に浸ることにとどまらず、デフレ不況を招く消費税増税を母国にけしかける。

ＯＥＣＤは、第2次大戦後の欧州復興計画「マーシャル・プラン」の受け入れ機関として発足した欧州経済協力機構（ＯＥＥＣ）が前身で、１９６１年に設立された。貿易、資本自由化などグローバリズム推進のメッカになっている。

日本は１９６４年に非欧米諸国として初めて加盟した。ＯＥＣＤは「先進国」クラブであり、当時の日本は加盟条件を満たすのに躍起となった。現在は36カ国が加盟し、東アジアでは日本以外では韓国がメンバーになっている。

日本は、米国に次ぐ第2位のＯＥＣＤ資金負担国であり、年間で二十数億円分、予算を分担している。「１７００名を超える専門家を抱える世界最大のシンク・タンク」（外務省ＨＰ）と日本の役人が持ち上げ、ＯＥＣＤの経済勧告は、政官やメディアが押しいただくまさに天の声になっています。

宮崎　このリーマン・ショックのときは、麻生太郎が総理大臣に就任したばかりでした。それで麻生首相は12月末に国連で行った演説が傑作でした。

アメリカは２００８年11月の大統領選挙でオバマが大統領に当選して、ブッシュは政権末期でレイムダック化していた。そこで、国連で演説することにしたようです。

麻生首相は、演説をこう切り出した。

「人間には2種類の人がいます。ひとつはまったく記憶がない人、もうひとつはほとんど記憶がない人」と言った。何度もバブルをつくってつぶしてきた上にさらにリーマン・ショックを起こしたアメリカ金融界を皮肉ったわけですが、その麻生首相の発言に対して聴衆たちの反応が悪かった。それで麻生氏は即座にマイクをぽんぽんとたたいて、「これはソニー製じゃないからな」と言ったら、聴衆がわーっと笑ったという。

さらに、「日本は自国の経済を立て直すことで、世界経済に貢献する」と麻生総理は言った。それは「米国のキャッシュディスペンサーにはならない」という意味だった。ちょうどその会場にブッシュ政権のコンドリーザ・ライス国務長官がいて、麻生首相が通りかかったときに、「あなた、やるわね」と言ったそうです。

ライスはフーバー研究所で片岡鉄哉氏とはテニス仲間でした。片岡さんは15年ほど前に亡くなりましたが、よくその話を聞かされました。

●アメリカは中国経済をつぶすつもりはない

宮崎　話を戻すと、ビットコインにせよ、中央銀行のデジタル通貨にせよ、中国はいろいろな実験をやって、金融機関を荒らしまくって、それで一帯一路でお金をどんどん貸し込んでいる。放埒と言えば放埒です。自立性が強いと言えば、たしかにそうです。その中国に対してアメリカはつぶす気力がまったくないでしょう。

田村　バイデン大統領には中国をつぶす気はない。とくに金融については、中国に対する締め付けはやっていない。

宮崎　ＦＲＢがいま金利を上げているのは、中国に対する金融的な締め付けになっていないですか？

田村　基本はそうですが、金融制裁というのは政治そのものです。ウォール街と非常に密接に関連がある。それは、返り血を浴びることもあるということです。

トランプのときは中国が香港の自治を国家安全維持法で破壊したのに対して、アメリカは香港自治法をつくった。そのアメリカ側の対応策は、香港の自治剝奪や民主化弾圧に協力する金融機関に対して、ドルの取引を禁止するという条項が入っていた。それはいまでも生きているはずです。

トランプのときはいちおうそこまでやって政権が代わりましたが、バイデンはいっさいそうした対中規制をやっていない。だから、習近平はやりたい放題です。

『リンゴ日報（アップル・デイリー）』の社長である黎智英（ジミー・ライ）を国家安全維持法で逮捕して強引につぶしましたが、こんなひどい人権侵害でも全然制裁していません。

宮崎　イギリスはジミー・ライの釈放を要求していましたが、アメリカはしていない。私は香港返還前にジミー・ライに独占インタビューをしているのですが、そのときジミーが言ったなかで印象的だったのは「国際金融市場とは情報が一番重要だから、中国が香港から言論の自由を奪うことはないだろう」と極めて楽観的だったことです。

田村　少なくともジミー・ライの銀行取引禁止とかは全部、現地の銀行でしょう？　本当はドルの取引を禁止しなければいけないのに、やっていない。

宮崎　ジミー・ライのメーンバンクは香港上海銀行（ＨＳＢＣ）じゃないかな。

田村　ＨＳＢＣですね。ＨＳＢＣは中国政府が怖いので、中国べったりだから、全然手も足も出せない。

宮崎　バイデンはやはりあやしいですね。アメリカが対中強硬姿勢だからと言って日本も安易に同調していると、足元をすくわれる可能性がある。

田村　金融から見ると、バイデンは屁《へ》っ放《ぴ》り腰の弱気もいいところです。台湾問題も全部そうです。先述した台湾政策法もアメリカの超党派で２０２２年9月に上院外交委員会で原案を採決しましたが、上になかなかいかない。

この法案には金融制裁条項が入っていますが、ホワイトハウスがこれに猛烈に反対している。

結局、通りそうにないというので２０２２年12月に、国防権限法という、毎年の国防予算を決める法律の中に入れました。

宮崎　国防権限法は２０００ページぐらいある膨大なものですね。

田村　その中に潜らせて、台湾については、金融制裁条項を全部外している。バイデンの弱腰ぶりは、もうすごい。

宮崎　今度、野党・共和党が多数派を占める下院で中国問題特別委員会をつくった。初めての公聴会の冒頭、共和党のマイク・ギャラガー委員長は「経済的に関わることで中国に変革をもたらせるという甘い考えのもと、われわれは過去半世紀近く、中国を取り込もうとしてきたが、誤りだった」と指摘している。繰り返しますが、「経済的に関わることで、中国に変革をもたらせるという考えは誤りだった」とする発言。中国への対抗姿勢は鮮明です。

●習近平政権から経済閣僚がいなくなった

宮崎　経済政策に関して、いまバイデン政権の中国側のカウンターパートは、だれなんでしょうか。習近平が最初にバイデンと会談したときに、イエレン財務長官はいたけれど、中国側には経済閣僚がだれもいなかった。

前任の劉鶴は自信を失って疲労困憊していました。劉鶴は能力がないと判定されたようです。王岐山も引退です。

これまでは首相の李克強が経済に強かったけれど、習近平に経済政策の実権を握られて、ほとんど何もできなかった。今度首相になった李強は、経済官僚でもなんでもないし、上海にテスラを誘致して大成功したのだけが唯一の功績で、習近平へのゴマすり度だけは最高でした。そうなると、いったいだれがアメリカとの経済交渉を担当するのかわかりません。

田村　今度の党大会で選ばれたチャイナセブン（政治局常務委員）の中には経済通はいませんね。

宮崎　中国人民銀行総裁を長く務めた周小川も退任して、いまは副総裁だった易綱が就任している。ところが易は中央委員候補からもはずされている。

田村　人民銀行総裁は、ほとんどお飾りにすぎない。周小川とはかなり昔に会って話したことがありますが、わりとサバサバしている典型的なテクノクラートという印象でした。経済閣僚でアメリカと直接話せる劉鶴に相当するような人が、まだ出てきていない。いちおう財務大臣には劉昆という人物がいるけれど、力がない。党のランクが全然下ですから。

だいたい2022年の第20回党大会で決まったチャイナセブンは、経済だけでなく全員があまり能力のなさそうな人ばかりです。金融や財政でアメリカと対話できそうな人材はいまのところ不在です。

宮崎　周りに有能な人を置かないのが中国の皇帝の偉いところです。周りはばかでいい。昔の王朝に戻っただけです。

しかし、経済閣僚がいないということは同時に前途多難です。米中間で少なくとも経済安保の問題などの交渉ができなければ、適正な対応ができなくなる。

田村　周小川のいたころは、ブッシュ政権で9・11があって、対テロ戦争で中国を手なずける政治的動機があった。そこで前にも少し言いましたが、ブッシュ政権は中国の世界貿易機関（ＷＴＯ）加盟条件で妥協し、２００１年12月のＷＴＯ加盟に手を貸した。そればかりか、中国の人民元の対ドル・ペッグを容認したのです。人民元のドル・ペッグは２００５年に少し変動幅を広げる制度改革をやるんです。周小川中国人民銀行総裁がＦＲＢのグリーンスパン議長ら米側と打ち合わせたうえです。

宮崎　アメリカと中国で世界を管理しようとするＧ２体制の原型である、「責任あるステークホルダー論」を言い出したのは２００５年です。当時、国務次官だったロバート・ゼーリックが、中国もステークホルダーになるべきだと言いだした。

ゼーリックは国務省を辞めたあと世界銀行の総裁になった。世界経済をアメリカと中国で管理していくという路線が、あのときにできた。２００５年からＧ２体制と言われるようになった。

田村　いわゆるアメリカの関与（エンゲージメント）政策のピークですね。ゼーリックはパンダハガーで有名でした。ゼーリックが国務次官から外れたときに、石原慎太郎さんに聞いたことがありますが、「ゼーリックはハニトラだ」と言っていました。

宮崎　２００５年あたりは米中の癒着関係がすごかった。２００５年は江沢民体制はもう終わっていて、２００２年から胡錦濤政権でしたが、江沢民派が実権を握っていた。「江沢民院政」でした。要するに、胡錦濤にはなんの利権も権限もない。つまり、ポリティカル・キャピタル（政治的資源）がなかったわけです。

江沢民は、あのとき金融、証券、銀行、保険、通信など新産業のすべての利権を握ったわけです。守旧派の李鵬が掌握できたのは、電力と国有企業と鉄道くらいだった。ずっと江沢民の院政が続いていて、胡錦濤は何の利権も取れなかった。共産主義青年団（いわゆる団派）は、レアメタルの利権がちょっとあるくらいで、ほとんど利権らしい利権はない。

田村　天津あたりで共青団系が何かをやろうとしましたが、２０１５年８月に天津の港湾部にあった危険物倉庫が大爆発を起こして、住民を含めて１６５人が死亡するという大事故が起きて、うまくいかなくなったようです。

とにかく江沢民派の利権がすごくて、習近平でもまだ手が出せないところがけっこうある。２０２２年10月に開催された党大会でも江沢民派の重鎮である曽慶紅と１０５歳の宋平が二人で密談している場面がテレビに映って、存在感をアピールしていました。

宮崎　党大会は西側のテレビカメラが入る見せ場だからやったんでしょう。宋平はもう１０５歳ですから、耳が遠くて聞こえていないんじゃないか。５年ぐらい前まではまだ宋平にも発言力はあったけれど、いまはお飾りで初日に出席しただけで後は引っ込んでいます。

一方で、元首相の温家宝がにこにこ笑って出ていた。温家宝もスキャンダルまみれで失脚寸前までいったのに、稼いだ金をみんな上納して許してもらったようです。

田村　共青団のホープ的存在だった胡春華が常務委員になれなかったのには、驚きました。中央規律委員会に狙われていて、逮捕されそうになったので、自ら降りたという説が流れている。

宮崎　そういう説は必ず出てきます。戦狼《せんろう》外交で吠えまくっていた趙立堅も外交部国境海洋事務局副司長に飛ばされました。降格された理由として奥さんが上海で荒稼ぎして、しかも新型コロナで上海都市封鎖のときに彼女はドイツに行っていたという説があるけれど、証拠写真も何もない。偽ビデオなんてすぐにつくれますからね。

胡春華の話に戻ると、土壇場でそれまで政治局員の定員は25人だったのが、1人削られて24人になった。その最後の1席が胡春華だった。土壇場で胡春華を政治局員から落としたという説です。胡春華に今回、与えられた役職は、中国人民政治協商会議の副主席。政治協商会議自体が「お飾りの諮問機関」と言われるうえ、その中で23人もいる副主席の一人であり、まさしく左遷人事です。

田村　それで党大会の冒頭でテレビカメラがまだ入っているのに、胡錦濤が突然怒り出した。

宮崎　胡錦濤はその前に政治局常務委員に団派が一人もいない、自分が見た名簿と違うと言って怒ったと石平さんが言ってますが、それも定かではない。中国外務省や大使館筋は、胡錦濤は酒酔いがひどくて臓器不全で正しい判断ができなかったという説明を流している。

田村　胡錦濤がテーブルの上におかれた書類に手を伸ばしたときに、栗戦書が妙に心配そうな顔をして、それをとめていました。すると栗戦書の右隣に座っていた王滬寧が「よけいなことをするな」と栗戦書の横から手を出して制止するそぶりをしていた。

宮崎　実は、このシナリオを書いたのは王滬寧に決まっています。なぜかというと、香港の新聞が汪洋が残って首相になり、胡春華は政治局常務委員になる、というバラ色の情報を事前に流していました。それで、共青団系は安心していたのが、土壇場で崩れた。こういうことがやれるのは王滬寧しかいない。彼は陰謀家ですから。栗戦書は、体が大きいだけで、それほど有能とはいえない人です。

田村　栗戦書は無能かもしれないけれど、意外に骨のある人物なのかも。栗戦書は習近平とは下積み時代から苦労を共にした仲だったのに、習近平政権の初期の段階で、習近平に批判的な内容の論文を『人民日報』の一面に書いたことがありました。

胡錦濤とは親しいわけではないはずなのに、胡錦濤のことを心配している様子がテレビカメラを通してはっきりわかりました。あのひな壇に並んだ共産党の幹部たちのなかで人間味があったのは彼だけでしたね。

その栗戦書に対して胡錦濤の弟分にあたる李克強は「自分は何も知らない」というふうに固い表情をしていた。胡錦濤が会場を後にする途中で李克強の肩をぽんとたたいたので、しようがなく顔を向けたけれど。汪洋も李克強と同じように固い表情で関わりたくないという気持ちがはっきり出ていました。

宮崎　あの場面の評価、じつはチャイナ・ウォッチャーの間でかなり分かれているんです。

●習近平の3期目は正念場になる

田村　習近平党総書記・国家主席体制は2022年10月の党大会、さらに2023年3月の全国人民代表大会（全人代、共産党が采配を振る疑似国会）を経て、3期目がスタートしたわけですが、経済財政、金融が党すなわち習総書記直轄型で運営されることになった。強権による市場支配で中国経済の失速を止められるのか、不動産バブル崩壊をどう乗り切るか、むずかしい舵取りを迫られるでしょう。

中国の権力システムは建国以来、党が軍と行政を指導する建前ですが、市場経済化が進むにつれて経済省庁や中国人民銀行のトップが党幹部である党中央委員および中央委員候補を兼ねるようになり、国務院（行政府）が党に対する一定の発言力を持っていました。

しかし、習3期目の経済関連の閣僚や中央銀行総裁には共産党中央委員・委員候補はだれもいなくなって、習総書記の名代格で、党中央政治局常務委員の李強首相が財政・金融政策の旗を振ることになった。

そこで思い出したのが、李克強前首相の2022昨年7月の世界経済フォーラム（WEF）での見解です。

「高すぎる成長目標のために、大型の景気刺激策や過剰に通貨を供給する政策を実施することはない」と言い、習総書記が求める財政支出拡大と金融の量的拡大に対し、あからさまに背を向けていたのです。

李克強氏は北京大学経済学博士号を持つ。習総書記にとっては煙たい存在だったでしょうが、2022年秋の党大会で党の要職から外され、行政府のトップとしての首相としても、全人代を最後に完全に引退させられたのです。

全人代で留任が決まった中国人民銀行総裁の易綱は米イリノイ大学の博士号取得、米インディアナ大学で准教授を務めたあと、中国に帰国、北京大学の教授を務めたばりばりの金融専門家でアメリカのパウエルFRB議長とも英語で対話できる。

ところが、2022年の党大会で中央委員候補から外されたことから、全人代前には人民銀行総裁から退任するとの観測が強く流れていた。習政権は国際的知名度を無視できず、留任させたのでしょう。易綱は党内での足場がなく、習総書記に直結する李強首相や人民銀行の党書記の指示に従うことになります。

宮崎　易綱はけっきょく中央委員候補にも残れませんでした。

田村　中国の経済システムというものは、共産党という独裁政治権力が土地とカネの配分権を握っていることで成り立っています。毛沢東時代の人民公社のように生産手段の共有を基本とする共産主義の原則を徹底しなくてもよい。

「土地は人民のもの」との建前のもとで、「人民」を代表する地方政府の党官僚が土地配分権を持つようにしたのが、鄧小平です。土地とカネが党の意のままになるのだから、市場経済化して外国企業や国内企業に土地を提供して投資させ、大いに儲けさせても、最終的には党が権力を行使すれば土地から締め出し、カネも取り上げることができるのです。

それが党による資本主義、すなわち改革開放路線を可能にし、投資主導でめざましい経済発展を遂げることができた。

２００８年9月にリーマン・ショックの余波を受けても、中国人民銀行にカネを刷らせて、企業向け融資を拡大し、設備投資主導型で2ケタの経済成長を達成したわけです。ところが、習氏が党総書記の座についた２０１２年あたりから生産設備は過剰になり、輸出増強のために２０１５年夏には人民元切り下げに踏み切った。すると、資本逃避が急増し、金融危機に陥りかけた。それに懲りた習政権は在来型設備への投資に代わる成長のエンジンを他に求めた。ひとつはアリババに代表される民営の企業主導の情報技術（IT）投資、もうひとつが住宅を中心とする不動産開発投資です。

ところが、国民総監視を強める習政権としてはアリババ創業者のジャック・マー（馬雲）のような民営企業家が中国国民の間で人気が沸騰し、その影響力が高まるのはまずいので、締め出しにかかっています。民営資本の活力は当然萎えてきます。

他方で習政権は、半導体など軍民両用のハイテク国産化に大号令をかけていますが、米国の輸出規制を招いてしまい先端技術取得が困難になっています。ハイテク主導型の成長の道は険しくなった。

結局、経済を維持するうえで残る選択肢はやはり不動産投資しかないが、それも２０２０年にはピークが過ぎ、住宅は供給過剰となって２０２２年には相場が崩落するようになっている。不動産市場を立て直さないことには、習政権３期目の経済成長持続は望みがたい。肝心の財政も危うくなります。

宮崎　中国経済の今後を占うには不動産ビジネスの行方でしょう。

田村　中国政府の財政は土地使用権の移転（販売）収入で支えられていると言っても過言ではないでしょう。中央および地方政府の全財政収入に占める土地使用権収入の割合は、２０２１年40％、２０２２年29％に上っている。

不動産開発を中心とする固定資産投資は２０１２年には国内総生産（ＧＤＰ）の25％でしたが、年々上昇し、２０２１年には約５割を占めました。２０２１年は、住宅など不動産投資は関連需要を含めＧＤＰの約３割に上りました。

不動産開発、住宅ローンなど不動産がらみの融資は預金、さらなる融資という信用創造の連鎖となり、マネーを膨張させてきたのです。

現預金は２０２２年１年間、日本円換算で１２００兆円増えましたが、それはちょうど日本の現預金残高に匹敵するほどです。

習政権は資金力を背景に、拡大中華経済圏構想「一帯一路」など対外拡張路線を推進してきました。中国資本が北海道の広大な山林原野、沖縄の離島、青森、福島県などの太陽光発電用地を続々と買収するのも共産党の土地支配に起因するチャイナマネーの増殖があってこそです。

この成長と膨張の方程式が、2022年来の不動産市況の低迷とともに狂ってきたわけです。住宅価格の全国平均は2022年初め以降、前年比でマイナスが続いています。2022年の不動産投資は前年比10％減、それだけでGDPは3％の下落圧力になるのだから、それでもGDP実質3％の成長をとげたという中国国家統計局発表は嘘に決まっています。不動産市況低迷が続く限り、習政権が掲げる2023年の5％前後の実質成長目標は画餅《がべい》でしかない。

宮崎　5％なんて無理に決まってますよ。

田村　当然のように習政権は不動産市況のてこ入れに躍起です。まず、中国人民銀行に資金を増発させる。次に国有商業銀行など金融機関には住宅市場回復に向け融資強化を指令しています。財政難の地方政府には地方債を大量発行させています。このもくろみがうまく行くかどうかの鍵はアメリカの金融政策です。

パウエルFRB議長がアメリカ国内のインフレ退治のためにまだまだ大幅なドル金利引き上げを続けるなら、中国からは巨額の資本逃避が起こると同時に外資は対中債券・株式投資の引き揚げを進めるでしょう。人民元の下落圧力が高まり、資本逃避はますます増えるでしょう。何しろ、前に述べた通りチャイナマネーの規模はバカでかいですから、資本逃避が起きるとその規模も巨大ということになります。

この悪循環を防ぐには、人民元の金利を引き上げることですが、それは不動産てこ入れ策とは矛盾します。だからアメリカに顔が利く易綱を中国人民銀行総裁にとどめるしかないのです。

易綱は2015年の金融危機の当時に人民銀行総裁で国際派の周小川がアメリカのFRB議長だったイエレン（現財務長官）に頼み込んでドル金利引き上げを1年間待ってもらったように、パウエル議長にアプローチするでしょう。

中国にとって幸いなことに、FRBは利上げをしばらく緩やかなテンポに抑えるしかなくなっています。その背景がシリコンバレー銀行（SVB）などのアメリカの中小銀行危機です。SVBなどは大幅な利上げのためにアメリカの債券相場が崩落したために債務超過に陥り、取り付け騒ぎになったわけで、FRBは大幅利上げを見送るほか、当面は量的

図8　中国人民銀行の預金準備率と現預金(M2)

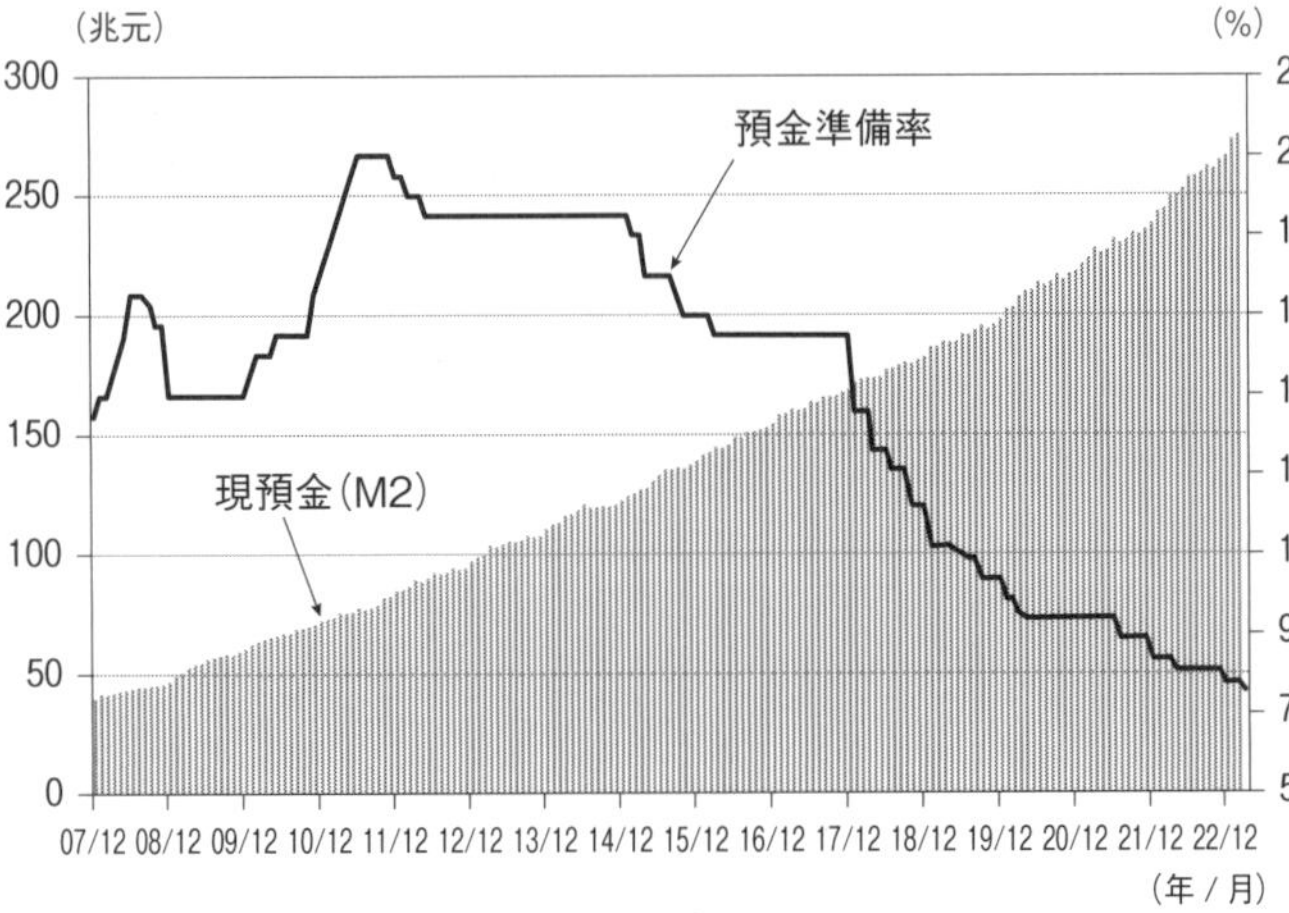

データ：CEIC、中国人民銀行

にも資金供給を再拡大せざるをえなくなっています。

中国人民銀行はこれで金利引き上げしなくてもよくなるし、量的にも拡大できる余地が生まれる可能性が出てきたのです。

宮崎　え、そうなんですか。

田村　易綱中国人民銀行総裁が銀行融資拡大策の主力策としているのは、市中銀行の人民銀行預金準備率の引き下げです。人民銀行は全人代終了後の3月17日、銀行の預金準備率を0・25%ポイント引き下げると発表しました。

引き下げは23年では初めてで、準備率はそれまでの7・8%から7・6%に下がります。預金準備率は預金の一部を中央銀行に預ける割合のことで、下げると銀行は融資に回せる余資が増え、融資、預金、融資の連鎖である信用創造が活発になり、現預金（M2）を増やすのです。

単純計算すれば準備率が8・4％だった1年前に比べて現預金は10％余り増えることになります（図8参照）。

しかし、これら一連の金融量的拡大には致命的な制約があります。外貨の裏付けのない資金発行は通貨乱発となって、人民元の信用を失わせかねません。

中国人民銀行は元資金発行に対する外貨資産比率を高めることに腐心し、08年のリーマン・ショック直後時点では100％を超え、元資金を大量に増発しても人民元の価値は安定し、経済の2ケタ台の高成長をもたらしたのです。ところが同比率は徐々に下がり、2022年末には6割を切りました。

宮崎　人民元価値は暴落気配濃厚ということですね。

田村　習近平政権10年間では、2015年には巨額の資本逃避が起き、中国人民銀行は資金発行を減らし、不動産投資も大きく減速したが、翌年には金融の量的拡大によって不動産投資を回復させました。その後も外貨はほとんど増えず、元資金発行は制約を受けたが、不動産ブームは続いた。2020年には武漢発新型コロナウイルス・パンデミック（世界的大流行）が起き、不動産投資が下がり始め、2022年は前述したように2ケタも落ち込んだのです。

中国人民銀行は大幅な資金増発に踏み込みましたが、不動産は依然として供給過剰です。しかも人口高齢化は日本から10年遅れて急進行しつつある。若者の失業率は2022年7月に20%に達し、同年2月でも18%を超えています。カネを刷っても不動産市況は回復するかどうか不明なのです。

●対中投資リスクが高まっている

田村　こうした中国経済の変調もあって、中国への投資リスクがかつてなく高まっています。それを端的に示すのが、製薬大手のアステラス製薬の現地法人幹部に対する中国国家安全当局による拘束です。

同社員は中国に20年間以上も駐在し、中国日本商会で幹部として日中友好に貢献してきた人物でしたが、帰国直前に「スパイ容疑」で拘束された。中国政府や国有企業関係者との交流が深い。当局はそれを逆手にとって、反スパイ法違反の嫌疑をかけたのでしょう。

今回の拘束事件の背景には日本企業の脱中国への動きがあり、それを察知した習近平政権が牽制に出たわけです。というのは拘束された邦人は日系企業の団体である「中国日本商会」の副会長で、中国からの事業引き揚げ方法や企業秘密の技術の対中流出防止についての日本企業同士の情報交換の中心になってきた人物です。それを警戒して、以前からこの鍵になる邦人を中国当局がマークしていたに違いありません。

いかに中国といえども、外国人を拘束すれば外交問題になりますから、中国のスパイ法違反の容疑材料をそれなりにそろえなければなりませんから。習政権はそれほど、外国企業の中国投資縮小や技術制限に神経をとがらせているのです。

日本企業にとってみれば、この拘束事件自体が対中投資リスクそのもので、脱中国を真剣に考えなければなりません。歴代親中派が会長だった経団連も、戸倉雅和現会長は4月3日に離任挨拶にやってきた中国の呉江浩駐日大使に対し、「自由で安定的な経済活動の保証がないと日本の経済界は不安を覚え、その国に進出しなくなる」と申し入れたと、4日の記者会見であきらかにした。経済同友会の桜田謙悟代表幹事も同日の会見で、「中国は法治国家というが、具体的な事実が一切明らかにされず（拘束が）帰国直前なのが解せないことも含め、何が起きるかわからない国。経営や投資の判断は慎重にならざるをえない」と指摘した。日本の財界もここに至ってようやく対中投資リスクに言及し始めたのです。

もっとも財界はあくまでもサロンの域を出ませんから、トヨタ自動車、パナソニック、日立など依然として対中投資に熱心な個別の企業の行動に影響が出るわけではなさそうです。

では4月2日に訪中した林芳正外相は中国側にどう申し入れたのか。外務省HPによると、林氏は李強首相との会談で、「日本人や日本企業が中国において安心して活動できるような環境が極めて重要である旨指摘しました」と、まるで他人事のような口ぶりである。その軟弱さを中国は衝いてくる。3日付の国営通信社の新華社電日本語版では、李強首相が「日本が引き続き対中協力を深化させ、中国の経済発展がもたらす恩恵を共有し、中日互恵協力の新たな一章を書き続けることを歓迎する」と言った。林氏は「日本は対中協力の推進に力を入れ、『脱中国化』のやり方はとらない」と答えたとある。邦人が事実関係不明のまま拘束されたというのに、対中協力を強調した上に脱中国を否定すると言ったと報じられるとは、随分となめられたものである。中国共産党得意の宣伝工作には違いないが、外務省は新華社電に関し、沈黙したままだ。これでは「脱中国はしない」という約束が既成事実にされてしまう。岸田政権の対中外交は日本政府の緊張感のなさを象徴しているようです。

不条理極まりない脅しや拘引は共産党政権の常套手段です。

2010年9月には、沖縄県尖閣諸島周辺の領海に侵入した中国漁船による巡視船衝突事件で、海上保安庁が中国人船長を逮捕した後、建設大手フジタの社員4人が中国当局に拘束されました。

2012年9月には日本政府による尖閣諸島国有化に対し、中国各地では反日暴動が相次ぎ、日本企業の工場や店が放火などにより破壊され、総額で数十億円から100億円もの被害を受けました。

宮崎　あれは公安のヤラセですよ。黒ずくめにサングラス、破壊活動も慣れたものでした。

田村　2015年以降、スパイ容疑などで拘束された日本人社員、研究者は17人以上に上ります。ところが日本の政府も経済界も対抗措置をとるのを控えてきた。2012年の暴動事件では日本側は泣き寝入りするどころか、一部の日本車メーカー大手は、とばっちりで標的にされた日本車の中国人保有者の被害を補償すると言い出すありさまだった。

それほど、各社は中国市場へのめり込み、市場シェア確保を優先してきた。収益分は現地に再投資し、中国側に要求されるまま先端技術を日本から移転してきたのです。この間、米国の対中政策は「協調」から「競争」、「融和」から「警戒」へと変わってきたわけです。

２０１７年発足のトランプ前政権は中国の不公正貿易慣行に対して制裁関税を発動し、中国通信機器大手の華為技術などを米市場から締め出した。21年からのバイデン政権は半導体関連などハイテク輸出規制を強め、日欧に同調を求めている。

宮崎　しかしバイデンの対中路線はかなりの凸凹がある。

田村　米国の同盟国日本としては米側に同調しつつも中国市場も重視する両にらみ路線だが、もはやそうも言っていられない。

宮崎　しかしウクライナ問題がかなり重要に絡みそうです。

田村　決定的な転機がロシアによるウクライナ侵略戦争です。習氏はプーチン氏と２０２２年２月の北京冬季五輪の際の会談で「限りない友情と協力」を約束済みだ。習政権は独善的な理由を根拠に、民主主義体制の台湾の併合に向けいつ軍事侵攻に転じてもおかしくない状勢です。そのときは日本の安全保障上の危機、何よりも米欧との結束が欠かせない。

宮崎　台湾に関して言えば、バイデン政権の姿勢は激変したといえます。蔡英文総統の訪米ではマッカーシー下院議長とギャラガー中国問題特別委員長らがわざわざロサンゼルスへ出向いて長時間面談しているんですから。ニューヨークでは民主党の上院議員とも面談しています。

田村　折も折、中国では2022年から不動産バブル崩壊が始まり、住宅など不動産投資主導の経済モデルが行き詰まりつつある。習政権は2022年秋の党大会、そして2023年3月初旬の全国人民代表大会（全人代）を通じて、党が経済と金融政策を直接指揮する体制へと移行した。中国の金融は海外の投資家や企業が持ち込む外貨に大きく依存している。中国経済の致命的な弱点です。

習政権は党主導で克服しようと狙い、外資をつなぎ止めるためには手段を選ばない。外国人拘束は言うに及ばず、外国企業のサプライチェーン（部品供給網）からの締め出しや相手国への部品・原材料の供給停止、輸入禁止などです。

図9は外国の対中証券投資と直接投資の推移で、日本円換算で表示している。目立つのは、2022年2月のウクライナ戦争勃発後、海外からの対中証券投資が減少に転じたことです。リスクに敏感で逃げ足の速い株や債券の外国投資家は腰が引けたままです。

図９　海外の対中証券投資と直接投資

（兆円換算）

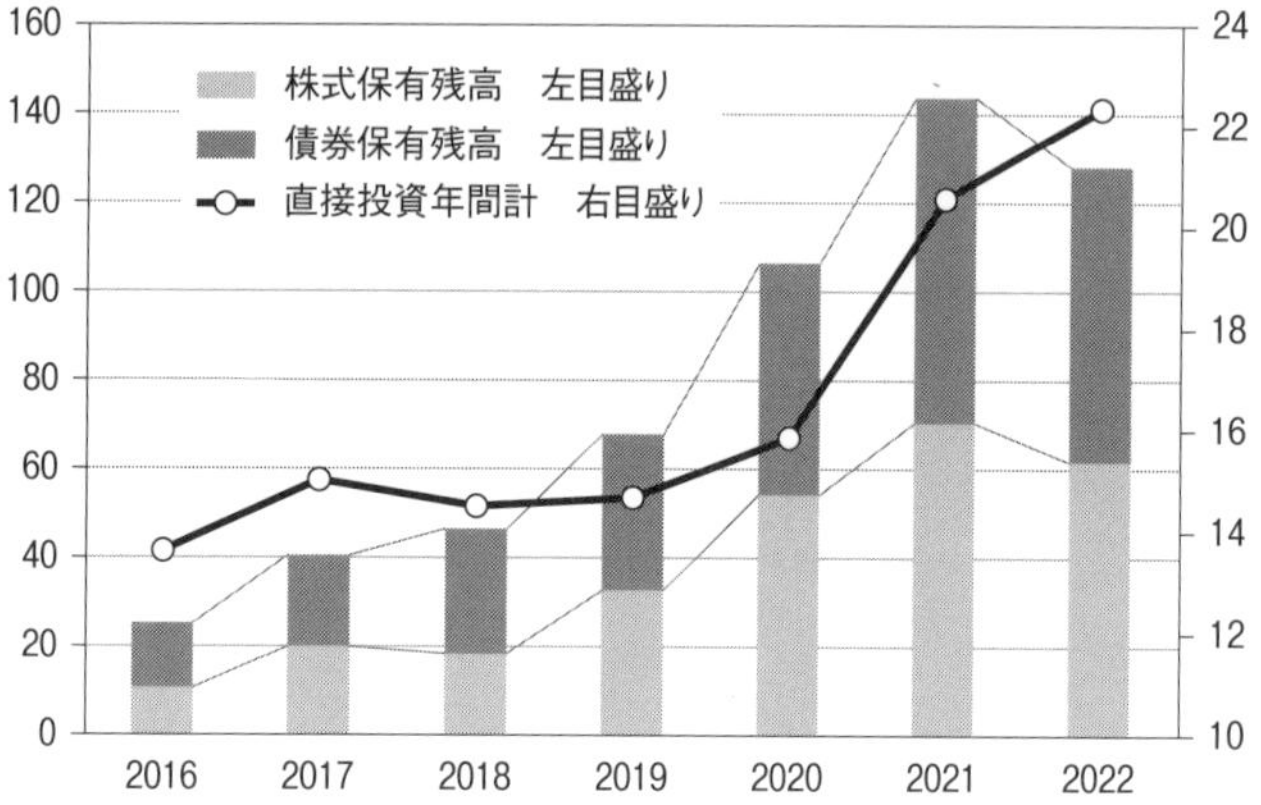

データ：CEIC、中国人民銀行

中国は巨額の貿易黒字だけでは、拡大中華経済圏構想「一帯一路」など対外投資資金を十分賄えず、海外からの証券投資に頼ってきただけに痛い。

習政権にとって残る頼みは、日米欧による対中直接投資で依然として増加基調です。世界最大の自動車市場中国で外資は電気自動車のシェア争いを激化させている。だから習政権は強気だ。

経済的威圧に対抗するためには、対中投資抑制しかない。そのためには日米欧各国が足並みをそろえるしかない。岸田首相が議長を務めるＧ７広島サミットはその絶好の機会になるはずですが、首相も林外相も日本人社員拘束についても口先だけの抗議で済ましていることからみても、対中戦略どころではなさそうです。従来の日中友好路線はまさに中国を増長させ、日本に対して居丈高でやりたい放題を許してきたのに、日本の政官財はいまだに毅然とした対応をしないのです。

2027年までに中国は台湾に侵攻する？

宮崎　3期目に入った習近平政権は、これから何をしようとしているのか。

軍事的にいえば、アメリカは2027年までに台湾に侵攻する可能性がけっこう高いと言っている。アメリカ軍の専門家たちの多くが、もう時間の問題だとまで言っている。いまのバイデン政権は、経済の問題では中国に大甘ですが、安全保障については、厳しい態度を崩していません。しかし、アメリカの軍事力も相対的に下がってきている。

今回のウクライナ戦争支援では、次から次に支援を拡大してきて、対戦車ミサイルのジャベリンに始まって、スイッチブレード、155ミリ榴弾砲、そしてハイマースと追加してきていて、ついにM1エイブラムズ戦車の投入も決めている。さすがにF16戦闘機の投入はしないと言っているけれども、これもわからない。

しかし、アメリカの武器援助があまりにも急ピッチだったので、アメリカは武器の在庫がほぼ払底しちゃった。軍需産業の生産も間に合わなくなりつつある。弾薬の生産量がロシアに比べてもだいぶ劣っていて、ウクライナが悲鳴をあげている。

そこに台湾問題が起こったら、武器の在庫がなくなって対応できなくなるかもしれない。

田村　アメリカは国防権限法の中で台湾への武器供与の金額も入れている。これがけっこうな金額です。

宮崎　これはタダじゃないですね。台湾はお金を延べ払いで払うんだから。ということは、ちゃんとしたのを出しています。ウクライナに出したのは火薬が劣化していてちゃんと飛ばないらしい。10年も在庫にしていたら、殺傷力がなくなってしまう。

バイデン政権は２０２７年に中国が台湾に侵攻するとさんざん言っているけれど、おそらく中国は２０２７年に台湾侵攻などしないと思います。そもそも台湾を軍事占領できるだけの能力が中国にはない。

田村　結局、バイデン政権というのは、自分たちは手を汚さないで、外国に戦わせて、アメリカは武器だけを輸出するという戦略です。その典型例を見事に実行しているのがウクライナです。ウクライナはまさしくそのモデルケースです。だから、台湾有事でも同じことをやらせる。つまり、次はウクライナが日本になるということです。

宮崎　日本にやらせるというよりも、日本には在日米軍基地がたくさんあるから、これはもう巻き込まれざるをえない。逆に言うと、日本がアメリカを巻き込むということにもなるわけです。

田村　なりますね。ただ、そのためにはアメリカの武器をたくさん買ってくれよねというのが前提として当然あるんでしょう？

菅義偉が首相になって比較的早い翌年２０２１年の４月にバイデンと会っている。西側の首脳で最初にバイデン大統領に会ったのは日本の菅首相でした。菅とバイデンの記者会見で言ったのが、「台湾海峡の平和と安定」だった。つまり、「台湾海峡で何かあったら、日本も参加するんだぞ」と言われたということです。あのときに、これは日本が巻き込まれると思いました。菅はもともとバイデンと仲がよかった。韓国との慰安婦問題は岸田外相の裏側で、二人でやったと言われている。慰安婦合意をまとめたのは、官房長官の菅とバイデン副大統領だった。

●あっという間にトマホークの購入を決めた岸田首相

田村　今回日本が買うことになった、巡航ミサイルのトマホークは対艦ミサイルですか。普通、巡航ミサイルはレーダーで捕捉されないと言いますよね。

宮崎　トマホークは巡航ミサイルなので対艦以外にも使えるでしょう。ただ、巡航ミサイルは、推進装置がジェットエンジンだから音速以下のスピードしか出せない。もちろんGPSを使って超低空を飛ぶので、レーダーにはとらえにくくなっているが、飛行速度が遅いので、地上から歩兵のスティンガーで迎撃される恐れがあるという人もいます。

トランプ大統領がシリアを爆撃したときもトマホークを多数撃ち込みましたが、いかにも大攻勢をかけたように見えて、実際の効果はそれほどでもなかったようです。今度日本が買うトマホークは最新型のようですが、ミサイルとしては旧式であることはいなめません。

田村　中国本土を攻撃するわけではないから、それでもいいとでも思ったのでしょうか。でも戦闘機よりも速度が遅いのだから、攻撃能力には疑問符がつきますね。

宮崎　トマホークでも射程は公開されていませんが、少なくとも１５００キロはありますから、中国の例えば北京を攻撃する能力は十分ある。しかし、長射程ミサイルは日本でもいま開発を始めている。「国産トマホーク」ともいえる新型の対艦誘導弾の射程は約２０００キロです。これとは別に、陸上自衛隊が運用する12式地対艦誘導弾の射程を１５００キロに延伸する案も進めている。

日本がトマホークを買うという話はずいぶん昔からあったけれど、これまでは野党が猛反対して買うことができなかった。それが台湾有事問題などの安全保障環境の激変はあったものの、岸田政権はすんなり導入に踏み切った。おそらく安倍首相時代だったら、野党が猛烈に反発して、これほどスムーズには、導入できていなかったでしょう。そういう意味では、岸田首相は検討ばかりの「検討使」とあだ名されているけれど、実際にはしれいっと重要な決断を次々にしています。

Ｆ２戦闘機の後継機の開発にしても、イギリスとイタリアとの共同開発に舵を切った。これまでだったらアメリカ企業が介入してきて、日本は最終的にプラモデルの組み立てをさせられるというパターンでした。

Ｆ２の開発も、当初は国産を目指していたものが、アメリカから横やりが入って最終的にF16をベースに開発することになってしまった。当時は戦闘機用のエンジンを国産化できなかったので、仕方なかった。共同開発とはいいながら、戦闘機の操縦性能を左右する飛行コンピュータをアメリカに握られて、これがブラックボックスになってしまったのが、致命的でした。

日本もCCV（コンピュータ・コンフィギュアード・ヴィークル）というコンピュータ制御の飛行実験を数多くやっていて、飛行コンピュータを独自開発できる力はあったのに、アメリカ製のものにさせられて、自国製の戦闘機なのに改善・改造できない機体になってしまった。

今回はイギリスとイタリアとの共同開発をアメリカが認めたけれど、これもあやしいところがある。日本のIHIが戦闘機用の優秀なエンジンをすでに完成させています。XF9といって、最新鋭のアメリカのジェットエンジンとほぼ等しいぐらいの性能のエンジンです。このエンジン技術が盗まれないか、心配です。

田村　半導体戦争と同じです。あまり突出しないほうがいいんだけれども、アメリカだってだんだんそんなことを言っている場合ではなくなってきました。

●金融戦争で中国とロシアを追いつめたいアメリカ

田村　トランプ大統領の時代に米中新冷戦と言われるような対立関係に入って、2018年のペンス演説が決定的でしたが、アメリカは、中国の経済・軍事の強硬路線による世界への影響を排除し、中国国内への人権弾圧にも反対し、中国政府の行動を国際的にも国内的にも変えていくという決意を明確にしました。

その後、バイデン政権になってからも米中の対立構造は、基本的に変わっていませんが、これまでも話したようにバイデン政権は中国に対してきわめて甘い。

宮崎　バイデン大統領は、米中対立を続けているようでいて、実はそれほど対立していません。米中の貿易関係を見ても、むしろ以前より中国に依存している。

しかし、安全保障についてはアメリカも厳しい態度は崩していません。日本も大国化した中国にきちんと対峙していかなければいけないでしょう。

バイデン政権は中国に強い姿勢を示威するために、こんどは蔡英文台湾総統の訪米を歓迎し、さっきも申しあげたようにマッカーシー下院議長が会見しました。中国は猛烈に反発していましたが。

ところが台湾の野党は統一派が多く、蔡訪米直前を狙って馬英九元総統が中国へ行った。馬英九は3月27日から12日間、30人の学生を率いて南京で孫文の墓参り後、武漢、長沙、重慶などを訪れました。南京と重慶では共産党幹部らと面談をしています。

同日、鵬海《ホンハイ》精密工業のCEO郭台銘がアメリカへ向けて旅立った。やはり12日間の予定でワシントンのシンクタンクなどを訪問し、ハイテク企業幹部らとも意見をかわす。実はこの郭台銘訪米のニュースの方が、馬英九の訪中報道より扱いが大きい。

理由は単純明快。馬英九は「過去の人」でしかなく、国民党内でも影響力はほとんど無い。郭台銘は台湾実業界を代表するビジネスヒーローである上に、次期台湾総統選に立候補を予定しているからです。しかも郭は予定を早めて帰国し、4月4日に正式に次期総統選への立候補を表明しました。

国民党は朱立倫党主席（馬政権下で副首相。新北市長を歴任）の候補者の一本化がまとまらず、侯友宜・新北市長のほうに人気があって、次期総統選候補選びが混迷しています。このタイミングで派手な訪米パフォーマンスを演じる郭台銘にメディアのスポットがあたる。

攪乱要因のもう一つが柯文哲前台北市長の動きですね。柯は意表を突く政治スタイルで新世代に人気があり、むしろ民進党の支持層に食い込むため、国民党に漁夫の利がころがりこみます。しかも馬英九の大陸訪問も郭台銘の米国行きも、中国共産党の示唆があったかのように、意図的に蔡英文総統訪米前にわざわざタイミングを合わせた。政治的計算が露骨でした。

第5章　ウクライナ戦争もアメリカが仕掛けた

●金融核爆弾はロシアには効果がなかった

宮崎　アメリカは、中国に金融戦争を仕掛けて中国を弱体化させる路線をとっています。その手始めにロシアに金融戦争を仕掛けた。金融制裁でロシアをつぶせると思った。ところがロシアは制裁にしぶとく耐えている。

田村　ウクライナに侵攻したロシアをアメリカは金融制裁でつぶせると思っていたのは確かですね。ウクライナ戦争が始まったとき、「アメリカは金融核爆弾でロシアをつぶす」と金融界隈で噂されていました。ウクライナ戦争が起こってすぐに、そんな情報が流れていました。

アメリカは国際決済システムであるＳＷＩＦＴからロシアを外して決済をできなくしてしまう。そうなればロシアの貿易関係はストップしてしまうので、それを金融核爆弾だとしていたのでしょう。しかし、この金融核爆弾は思ったほどの効果がなかった。

宮崎　ガスプロム銀行とスベルバンクという、ロシアのトップの銀行を対象外にしたんですから、最初からザル法でした。

ウクライナ戦争はアメリカが仕掛けた

宮崎　ロシアのウクライナ侵攻はアメリカがかなり用意周到に準備していて、2月24日にロシアの空挺軍の特殊部隊がキーウ近郊のホストメリにあるアントノフ国際空港（ホストメリ空港）を一時占拠しましたが、ウクライナ側に撃退された。このときアメリカの軍事会社アカデミアがかなり重要な役割を担っていたようです。

田村　ロシアのワグネルのアメリカ版の軍事会社ですね。元はブラックウォーターという名前で世界各地の紛争地域で活動していました。悪名が高くなったためか、いまはアカデミアと名称変更しています。

宮崎　アントノフ空港のあと、ベラルーシから侵入したロシアの戦車部隊が64キロメートルぐらい連なって渋滞していたときに、ロシア軍の戦車をジャベリンでたたきつぶしたのもアカデミアだったらしい。三輪のバギーに乗ってジャベリンを担いでいって、ロシア戦車部隊の前後の戦車を叩きつぶして動けなくしてしまった。

最終的にはアメリカはプーチンをたたきつぶすつもりです。バイデンは何度も「プーチンをつぶす」と言っている。バイデンは最初は「プーチンは人殺しだ」と言っていた。完全な失言で周りが大慌てで否定していました。それでも「プーチンをつぶす」という言葉がぽろぽろバイデンの口から出てくる。それは本音ということです。

目的はプーチンをたたきつぶすことです。プーチンをたたきつぶさなければウクライナ戦争は終わらない。ウォロディミル・ゼレンスキーが死ぬか、プーチンが死ぬか、どちらかです。

しかし、中東諸国の動きを見ていたら、ロシアはしぶといし、両方の疲れを待って中国が伸びそうだ、と観察している。中国よりもずる賢い中東の人たちは、よく見ていますよ。だいたい自分のお金でなんでも好き勝手なことをしていたのは、中国の共産党幹部よりもあの人たちですから。自家用飛行機を持って世界中に別荘を持っている。だいたい自分の国では酒が飲めないから、キプロスなどへ行って飲んだくれて、女を買う。

田村　トルコのイスタンブールもお酒は飲めるので、アラブのイスラム教徒はイスタンブール行きの飛行機のなかでジーンズに着替えて、お酒を飲み始めて、イスタンブールの銀座のような場所で飲みまくるのが楽しみみたいです。

宮崎　トルコはいま、治安が悪いから、ちょっとアラブの人たちも警戒するところはあるみたいですが……。しかも5万人も死んだ地震でエルドアン大統領の足元も揺《ゆ》らいでいます。冷たい関係だったサウジアラビアも、３月にトルコ中央銀行に50億ドルを預託してエルドアン体制を守ろうとしている。

ロシアは通貨戦争でも善戦している

宮崎　ウクライナ戦争では、アメリカが通貨戦争を仕掛けたわけですが、ここでもプーチンは善戦している。

田村　明らかに善戦しています。外貨準備というか、ロシアの通貨発行というのは外準の裏付けがあるということです。図10のグラフを見てください。これを見ればロシアの通貨ルーブルがしっかりしていることがわかります。ウクライナ戦争の前のロシアの外貨準備を見てみると、ロシアのマネタリーベースの2倍以上もある。

宮崎　ロシアはしっかり外貨準備を確保していたんですね。

田村　ちなみに、中国の場合は人民元のマネタリーベースというのは、その裏付けとなる外貨準備はいま7割を切っています。香港は多いときは4倍ぐらいあった。それがいまは

1・7ぐらいに落ち込んでしまっている。

宮崎　マネタリーベースは全然増えていない。

田村　ロシアの場合はいまでもいちおう1・5倍ぐらいあります。ただし、開戦直後の2月26日にアメリカは金融制裁の一環として、世界中にあずけてあるロシアの外貨準備6400億ドル（約76兆円）の約半分にあたる3200億ドルを各国中央銀行に圧力をかけて差し押さえました。

ロシア側が外貨準備等に関していま公表しているのは、オフィシャル・リザーブというところだけで、それをロシア中央銀行は発表している。その内訳は全然わかりません。わからないけれども、いちおう公的準備になるオフィシャル・リザーブで見ると、そんなに減っていないと思う。

ロシア人は2014年のクリミア併合のときにもドルによる金融制裁で本当にひどい目に遭っているから、プーチンは十分に備えてきた。外貨準備も蓄えていて、ドルには負けない態勢をロシアはとってきた。

宮崎　2014年にロシアがクリミアを併合したときも、欧米諸国が金融制裁を科しました。あのときは安倍政権でしたが、日本は制裁に加わったふりをしただけで、実際は空振

図10　ロシアの対外準備と中央銀行のルーブル資金発行（MB）

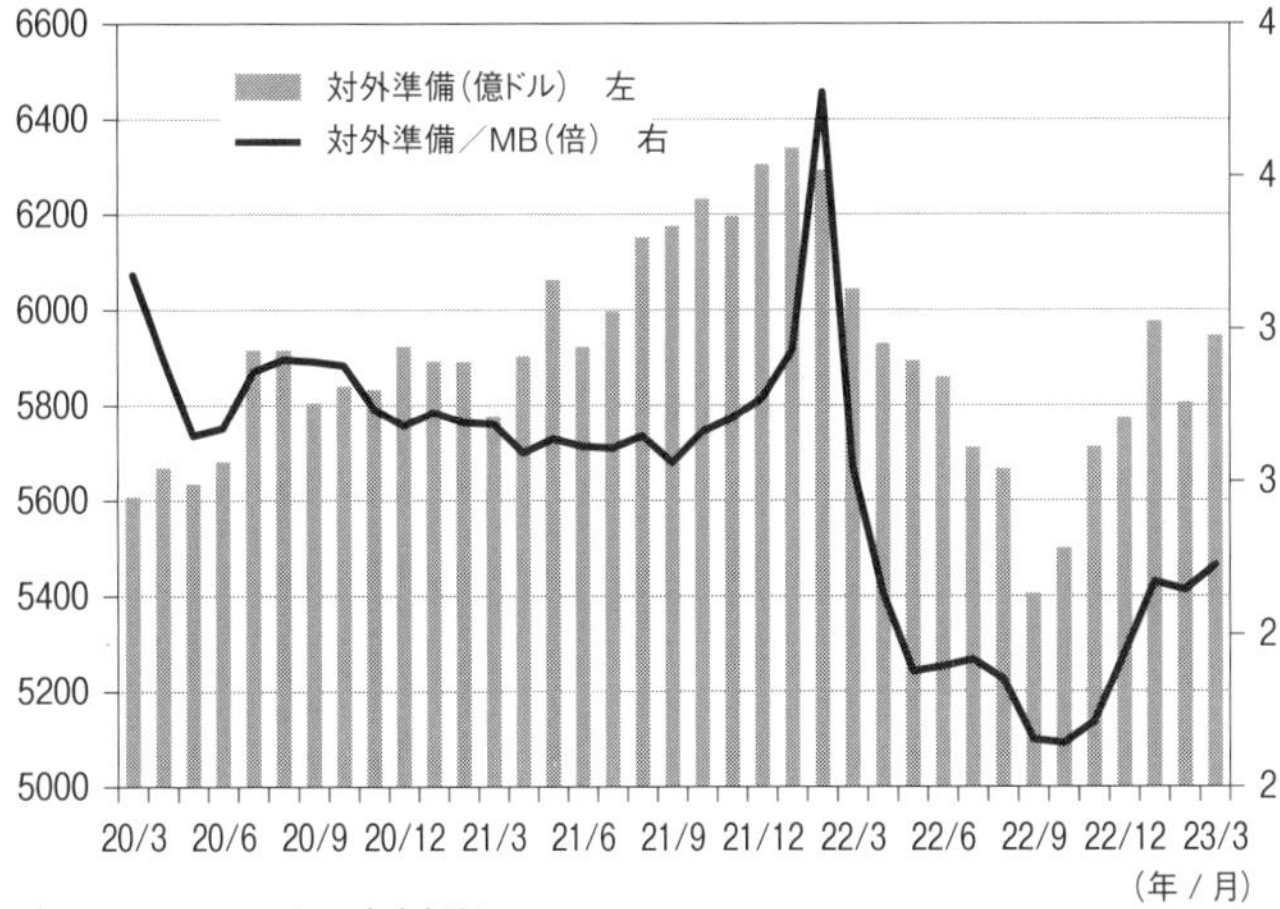

データ：CEIC、ロシア中央銀行

りで、ほとんど制裁しなかった。

田村　マネタリーベースに対する外貨準備は全然上回っていますから、これはすごいことです。

だから、ロシアをばかにしてはいけない。２０２２年９月ごろにプーチンの演説を見たら、ドルに対して、彼らは強欲で、世界から富を搾取するのがドルのやり方だととうとうと演説していました。プーチンはドルの怖さをよく知っています。プーチンは金融制裁をわかった上で今回の戦争を始めたと思う。

宮崎　ドル基軸通貨体制だから、ドルが手にはいらなければ、何も買えなくなる恐れがある。ドルが儲かるようになっているに決まっているものね。いまのアメリカはもう軍隊を出すのはこりごりで、ドル基軸という金融で世界をコントロールしようとしている。

田村　だから、ロシアは石油、天然ガスや穀物などの現物で勝負するしかない。

宮崎　要するに、エネルギー、食糧という実物経済とドルの金融機能との戦いですね。

田村　エネルギーと食糧が通貨の裏打ちをする。図11のグラフは、アメリカ、中国、ロシアの項目別シェアの比較をしています。小麦と石油、天然ガスをみると、ロシアのシェア、とくに小麦の輸出においてはアメリカを抜いています。

ロシアの小麦輸出量は世界一です。皮肉なことに2014年のロシアによるクリミア制圧で西側諸国が制裁をかけてから、逆にロシア小麦の生産量は4000万トンから9000万トンに増えています。

石油生産は、アメリカがいま世界一の産油国になっていますが、圧倒的なのは中東です。ロシアとサウジが石油資源で組めば、相当な力を発揮できます。だから、プーチンは、そこは非常に戦略的にやっていると思います。

宮崎　通貨の裏打ちをする現物をどれだけ持っているかで信用が高まって、貨幣価値が維持できる。

図11　米国と中国・ロシアの項目別世界シェア(%)

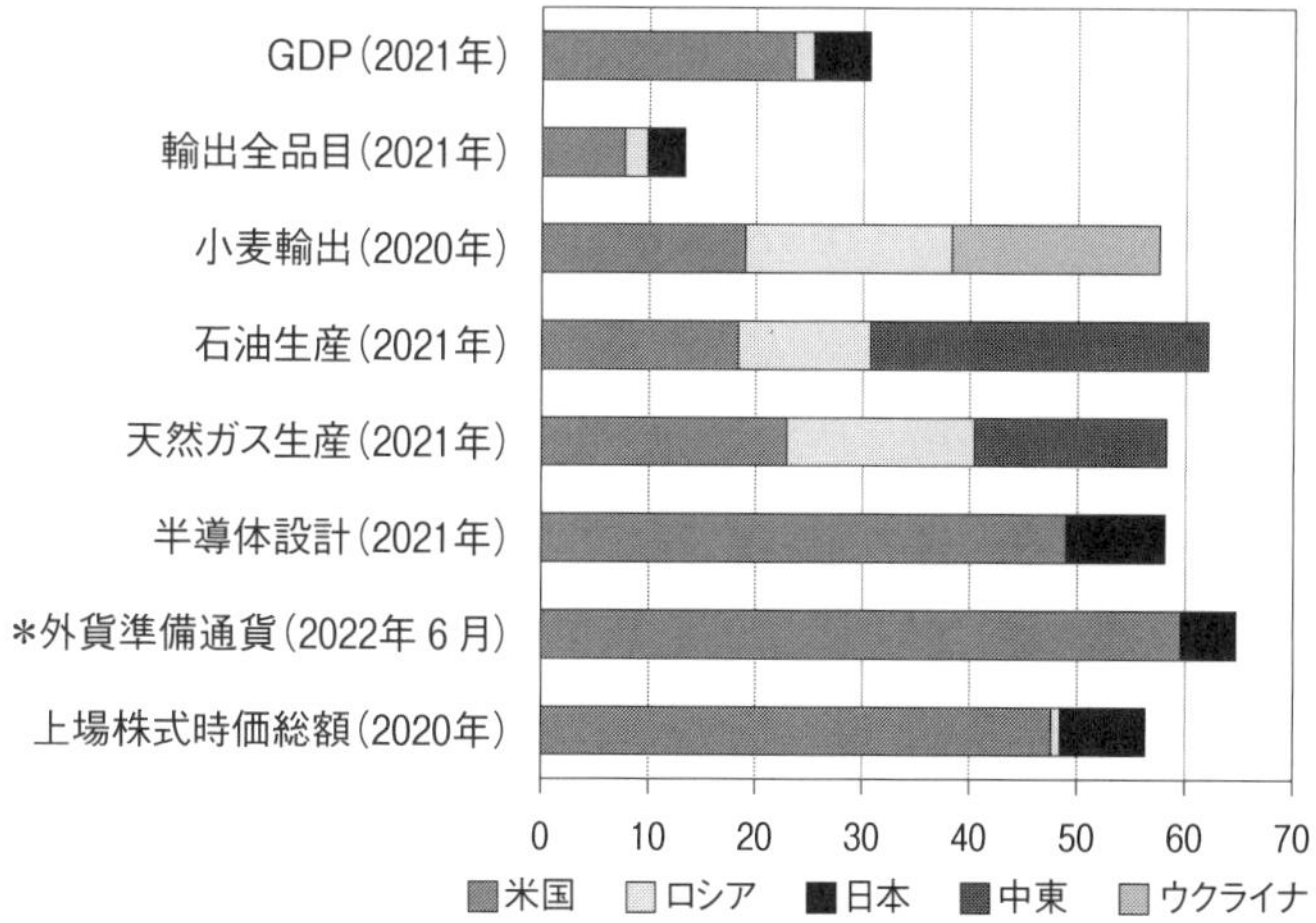

データ：CEIC、IMF、米半導体工業会、米農務省

（注）中東は石油、天然ガス、ウクライナは小麦のみ表示
外準通貨は米国ドル、中国人民元、日本円。ロシアルーブルはデータなし

田村　ロシアは、天然ガスの取引もルーブル建てにしました。

ルーブル建てというのはどういう意味かといろいろ調べてみましたが、要するにヨーロッパのユーザーは、それまでは天然ガスや石油料金の決済を中央銀行同士の口座の資金の振り替えでやっていたようです。ところが、それで決済すると、ロシアのルーブルがヨーロッパの中央銀行に貯まって、それを差し押さえられてしまう。そうさせないぞという話です。

実際はルーブルで払うことにするわけだから、ヨーロッパ側としてはその分だけのルーブルを調達しなければいけない。そのときにユーロを売ってルーブルを買う。その資金のやり取りは全部、ロシア中央銀行がチェックできる。

宮崎　それで通貨のコントロールをするわけですね。

田村　要するに、ロシアのルーブル資金を西側の中央銀行に差し押さえられることは不可能になる。そういう意味だろうと思いました。

●ロシア製兵器がウクライナ戦争で売れなくなった

宮崎　ロシアの外貨準備のほとんどは石油からの収益です。あとは小麦などの穀物《こくもつ》と石油と天然ガスだけだ。

田村　政府の収入の4割はそうですね。

宮崎　いまは有力な輸出品だったロシア製兵器が売れなくなった。性能の悪さが、今度のウクライナ戦争でわかってしまったからです。

一番あわてたのはインドです。インドはずっといままで主にロシアから兵器を輸入してきましたから。

田村　そういえば、インド空軍のスホーイ30が日本に飛んできて、航空自衛隊と合同訓練をやっていましたね。

宮崎　インドのスホーイ30は、基本はロシア製ですが、インド人は自分たちでかなり改造していて、けっこう性能が高いと言われている。

田村　これまでアメリカ軍とも共同訓練をやっているようです。インド空軍のスホーイ30と米軍機で演習をやってみたらけっこう強かったという記事を見た記憶があります。今回、自衛隊のＦ15やＦ２と合同訓練して、模擬空中戦をやってきたようですから、性能のレベルはかなりはっきりするでしょう。

宮崎　インドの場合はＩＴではロシアよりも高い技術力があるので、コクピットまわりなどは独自技術で最新バージョンのものを入れている。中国やその他の国には輸出用の性能を落としたものしか出さないけれど。

インドはこの50年、軍事も含めてロシアとは本当に長いパートナーシップ関係を築いてきています。インドのナレンドラ・モディ首相は、当然ウクライナ制裁には加わっていないし、ロシアの石油をかなり安い価格で買っている。

田村　おそらく２割ぐらいは安くしてもらっているはずです。

宮崎　ロシアから輸入した原油をインドで精製して、メイド・イン・インディアでガソリンとして売っている。そのインドの精製所はロシア資本だそうです。

田村　ロシア資本ということは、抜け道になっているわけですね。そうだとするとインドは相当安く買っているはずです。

宮崎　政治価格ですから。中国も習近平とプーチンが２０１４年に価格交渉をしてガスパイプラインを通しましたが、最終的に欧米並みの価格に落ち着いたようです。

中国は、ＬＮＧ（液化天然ガス）も増やしているけれど、パイプラインもロシア一辺倒ではなくて、あの遠いトルクメニスタンから敷設しています。

中国はトルクメニスタンから３本のパイプラインを敷設し、ウズベク、カザフを経由してウイグルで分岐し、一番長いパイプラインは上海にまで運ばれている。

さらに中国の石油需要の増加で、４本目のパイプラインの建設を計画している。完成すれば年間供給能力は現在の５５０億立方メートルから８５０億立方メートルに拡大する予定です。中国はトルクメニスタンとの関係を「包括的戦略パートナーシップ」に格上げすることに合意。これによりトルクメニスタンはサウジアラビア、オーストラリア、ベネズエラなど約30カ国と同じ位置付けとなっています。だから、中国のエネルギー戦略は、日本と違ってきわめてしたたかです。

田村　サウジとも接近して、最近、中国が仲介してサウジとイランが国交を回復しました。

宮崎　中国はイランからも平気で石油を買っていますからね。日本はいまイランの石油は一滴も買えない。かつての出光佐三氏のようにしゃあしゃあとイランから買えばいいのにと思いますが……。

日本はイランとは特別な関係で、安倍元首相がイランを訪問してアメリカとイランの緊張緩和のために動いたことがありました。ロウハニ大統領（当時）や最高指導者のハメネイ師とも会談した。外交的な成果はかんばしいものではなかったけれど、イランの最高首脳と会えるというだけでも外交的な資産を日本は持っているといえます。

その昔、中曽根康弘氏が防衛庁長官だった時代だと思いますが、イランが保有するＦ４ファントムの部品がなくなって困っていた。イラン革命前のパーレビ大統領の時代にはアメリカからＦ４ファントムを輸入していたのが、その後関係が悪化して部品の供給ができなくなっていた。それで日本からＦ４の部品を送ったこともあったようです。

国際政治の舞台裏はブラックボックスが多い。

●ロシア制裁は効いているのか

宮崎　いまロシアに対して西側は、原油取引の価格上限を60ドルを上限とする規制をしいてきましたが、この上限規制は効いていない。サウジが減産を声明して間接的にロシア支援に傾きました。

田村　ロシア産原油の値段はずっと下がってきていて、60ドル上限以下まで落ちていましたが、いまは80ドルをちょっと超えています。

ロシア産原油の採算コストは40ドルくらいなので、利益は出る水準ですが、ロシア政府の財政はマイナスになって厳しいと言われます。その意味で、60ドルという上限価格は絶妙な値段になっている。

この60ドル上限価格がしだいに効いてくると、ロシアも財政が厳しくなって、軍事支出ができなくて、だんだん戦力が弱っていくというのが、あの60ドルという金額です。

宮崎　そうはいっても、戦争のときは国家はなんでもやる。だから、金融戦争を仕掛けても戦争は止められない。経済制裁だけで戦争に勝つことはできません。

戦争で一番大事なのは大義とモラルだけれども、モラルを裏打ちするのはサラリーと武器の性能です。しかし、ロシア製の武器の性能の低さがばれてしまった。

田村　戦争自体に大義がないんですから。大義のない戦争は厳しいですね。

宮崎　しかし、いまでもロシア国民のプーチン支持は相当高い。

田村　プーチンはマスメディアを含めて情報統制をやっているので、表に出てくる数字はほとんど信用できませんが、それでもプーチンに対するロシア民衆の信頼度には特別なものがあるようです。ソ連邦崩壊後に国家体制が崩れてほとんど食い詰めた国民を救ったのがプーチンの功績です。彼なくしていまのロシア人の生活はない。それがプーチンの強さになっているようです。

プーチンの側近としては、安全保障会議書記のニコライ・パトルシェフと、対外情報庁（SVR）長官のセルゲイ・ナルイシキンの2人が重要人物のようです。なぜならアメリカの大統領補佐官のジェイク・サリヴァンがパトルシェフと会って話し合っていて、ナルイシキンとはカウンターパートのアメリカのバーンズCIA長官が会談している。

宮崎　ロシアの政策を決めているのはプーチンとこの2人だという裏情報があります。

田村　米ロの情報機関や安全保障担当の高官とロシアのカウンターパートが交渉している

のはそれほどおかしなことではありませんが、会談のなかでアメリカ側から「プーチンの首を飛ばしたら、おまえを大統領にしてやるぞ」と囁いている可能性だってあるのに、プーチンの信頼は少しも揺らいでいないように見えるのは不思議です。

宮崎 ニコライ・パトルシェフの息子のドミトリー・パトルシェフが農業大臣で、これがプーチンの有力後継のひとりだと慶応大学の廣瀬陽子さんが言っていました。息子を大統領にしてパトルシェフが院政を敷くつもりのようです。

その前にプーチンはウクライナへの特別軍事作戦の司令官を「アルマゲドン将軍」と呼ばれるセルゲイ・スロヴィキン将軍からワレリー・ゲラシモフ参謀総長に代えました。ゲラシモフを司令官にして前線に送り込んだ。

田村 スロヴィキン司令官がプーチンの言うことを聞かずに積極的な攻勢に出なかったので、交代させせられたと言われている。

宮崎 2014年クリミア併合のときの画期的なハイブリッド作戦は、ゲラシモフ理論でやりました。これは「ゲラシモフ・ドクトリン」と言われました。今回のウクライナ作戦も3日間でキーウを取れるつもりだったのが、戦線が膠着状態になってしまった。その責任をゲラシモフがとらされて、司令官として現地へ行くことになった。

国防大臣のショイグは少数民族出身です。おそらく10万人以上のロシア兵が戦死しているという大損害を受けて、国防大臣として軍の立て直しに取り組まなければいけないでしょう。

田村　ロシア軍の損耗が激しくて兵力が不足している。プーチンはベラルーシに参戦を促しているようですが。

宮崎　ベラルーシの軍隊は弱すぎて、とてもウクライナ軍に対応できない。しかもベラルーシも反露感情がすごい。

１９７９年からのアフガニスタン侵攻の10年間でロシア兵の戦死者は１万５０００人ぐらいと発表されていますが、実態は３万人以上。そのうち、ベラルーシの兵隊が半分くらい死んだ。これは民族差別です。ミンスク市の中央公園に巨大な慰霊碑が建てられています。今回のウクライナ戦争でもそうですが、ウクライナの前線に行っているのはみんな少数民族や囚人で、ロシア人はあまり行っていません。

田村　ベラルーシは第二次大戦のときも、大勢死んで、死者は人口の25％と言われています。当時の人口が約９００万人で、民間人の死者が１６０万人、兵士が60万人死んでいる。

宮崎　アレクサンドル・ルカシェンコ大統領としては、自分の政権が長持ちするならば、計算高くロシアと行動をともにするだろうけれども、プーチンが弱いと思ったら、ジェスチャーだけで恩を売って何もしないんじゃないだろうか。

田村　何もしませんよ。もともとプーチンに助けられたみたいだけれどね。デモが起こって、ルカシェンコはもう辞めろという話になったのを、ロシアが強圧的に止めたらしい。

●北朝鮮のミサイルはウクライナ製

田村　北朝鮮のミサイルはロシア製ですか。

宮崎　いや、ほとんどがウクライナ製のようです。北朝鮮のミサイルもウクライナ製のエンジンです。火星15号とか、ほとんど失敗なしに打ち上げしているのは、ウクライナの技術的に枯れたエンジンを使っているからです。

最初から開発してきた今度の日本のH３ロケットのように、失敗するのが当たり前なのがロケットエンジン開発のむずかしさです。

金正恩がミサイルを撃ち始めた２０１７年2月の時点でエンジンの燃焼試験を金正恩が視察している映像が流れましたが、あれでウクライナ製のエンジンだということがはっきりした。新型エンジンの試験燃焼はかなりむずかしいものなのに、平気で映像にしているのは、すでに実績のあるエンジンの証拠です。エンジニアもウクライナから相当行っていたはずです。

田村　戦闘機で有名なスホーイは、もともとウクライナ企業です。ウクライナは昔からミサイルとか最先端のロケットや航空機の製造が得意です。

宮崎　今度のウクライナ戦争で、砲弾が不足したロシアに北朝鮮が武器を売ったので、ウクライナは怒っている。裏切られたと思っている。

田村　中国も戦争前まではウクライナから相当買っています。中国は、空母の艦載機に使うエンジンはロシア製かウクライナ製でないとすぐにへたって実用にならない。最近は中国製のエンジンを搭載したＪ15戦闘機もあるようですが、やはり実戦配備はされていないようです。

宮崎　中国はたくさん自動車メーカーがありますが、いまだに自動車のエンジンがつくれない。内燃機関は、複雑で難しすぎてとてもつくれない。だから、中国はＥＶに走った。リチウム電池技術からレアメタル製造技術に関しては中国が技術先進国になっちゃった。

●北朝鮮のミサイルも中国がコントロールしている

田村　2022年から北朝鮮がさかんにミサイルを発射していますが、北朝鮮の金正恩は、なぜあれほどミサイルを撃ち始めたのか。

宮崎　おそらく中国が撃たせているというのが真相でしょう。北朝鮮は中国の代理人にすぎません。

台湾で緊迫した状況が生まれた場合に、北朝鮮からもミサイルが発射されると印象づける意図がある。台湾侵攻が起きれば、日本にも北朝鮮のミサイルが飛ぶことになる可能性が生まれるわけです。日本やアメリカの対応は北朝鮮のミサイルが加わるだけで、一気にむずかしくなります。中国はそのためにずっと北朝鮮に食糧援助をしているわけです。そうでなければ、北朝鮮の2600万人の国民はとうに餓死しています。

田村　中国はロシアとも組んでいる可能性も高い。中国・北朝鮮に加えてさらにロシアからもミサイルが飛ぶという構図が見えてきている。

台湾が有事になれば、ロシアからだってミサイルが飛ぶ。中国、ロシア、北朝鮮の3正面の戦いになると、日米韓の同盟でもちょっと苦しい。とりわけロシアは、ミサイル原潜も多数保有しているので、やっかいな存在です。核戦争になった場合、原潜の核ミサイルが最後まで生き残ることで核の抑止が担保されている。

北方四島の北側の海域が深くなっていて、ロシアの原潜が隠れやすい場所がある。北方四島の向こう側は原潜の基地であり、隠れ場所になっている。核戦略の要諦ともいうべき場所になっているから、絶対に北方四島は返さないし、返せない。日米同盟がある限り、領土交渉で取り戻すことは絶対にできない。

宮崎　返せないというよりも、90年代の後半、ボリス・エリツィン大統領のときは、本当にソ連が滅びてしまって、あるものはなんでも売るしかなくなっていた。北方領土も買ってくれるのならと、本当は売るつもりだった時期があった。

当時はある大物政治家が動いていた。エリツィンに、とりあえず3億円渡して、これで返還交渉を始めようと言ったら、エリツィンが聞いたそうです。「これは国にくれたのか、俺にくれたのか」と。この話、どこまで本当なのか割引いて聞いておかないといけませんが（笑）。

田村　エリツィンならやりかねませんね。彼はアル中気味でずっと酔っ払っていて、もうボロボロでした。あのときに、1000億円で解決するという話が流れていました。

宮崎 1000億円ですか。ちょっとケタが違いますね。

田村 たしか1000億円だったと思う。

日本がアメリカから買うトマホークは1基は3億円、400発買うと1200億円。1990年当時の価格や為替レートは現在とあまり変わらないので、1000億円なら安い買い物になったでしょう。

宮崎 話が横道にそれますが、『漢城日報』(1946年10月4日)に驚くべき記事が掲載され、「日本軍の原爆研究、戦時中、興南で成功、技術者らソ連に抑留、拷問」とあって、「地下化学工場」の存在が云々されたことがあります。

「朝鮮において米軍24師団犯罪調査班に勤務中だったディビッド・スネル氏は『アトランタ・コンスティテューション』という月刊誌に一文を寄稿したが、この中で日本は原爆研究を進展させ、敗戦3カ月前(正しくは3日前)に原爆実験に成功していたとして、続けて次のように述べています。

『私は朝鮮における原爆研究に関する秘密漏洩防止任務に従事していた日本人将校と会見したが、彼は次のような話を打ち明けた。日本はソ連軍が朝鮮興南に進駐する数時間前に未完成の原爆と秘密書類、原子製造施設を破壊した。その後、関係した科学者たちはモスクワへ送られ、ソ連は彼らに原爆研究を強要している』」（荒木信子『韓国の「反日歴史認識」はどのように生まれたか』草思社）

原爆実験が行われ、「火焰球の直径は１０００ヤードに達し、様々な色の水蒸気が空中に散布した。付近の海上に置かれていたジャンクその他の船舶は強烈に燃焼し、海中に姿を消した」。それは広島級の原爆だったそうです。

これは米国のフェイク情報だった可能性が高いのですが、「ソ連軍の進駐があまりに早かったため原爆を神風機に積載使用する余裕がなかった」と真相に近いような後日談も挿入しています。

著者の荒木さんは次の重大なポイントを指摘しています。「米国は日本の原爆開発レベルを知りたがった。またソ連がそれをどこまで掌握していたかを知りたがった」と。

戦争末期の貧困状況にあっても、日本が原爆を開発し実験を成功させたのなら「現在の北朝鮮にも可能であるし、その基盤は日本が作ったという視点を米国は持っている」。

当時もいまも北は鉱物資源に恵まれ、ウラニウム鉱山があります。現在の北朝鮮の核弾頭はエンジンがおそらく旧型がソ連製、近代のものはウクライナ製も多い。またソ連時代にはロシア人科学者が北で威張っていましたね。

それでも北朝鮮は原爆実験には到らず、冷戦終結後はウクライナのエンジニアが滞在し、また日本のエンジニアがハニトラや脅迫によって北朝鮮で開発に従事したという確度の高い情報があります。

ジャック・アタリ欧州復興開発銀行元総裁は「北朝鮮が小型核弾頭を搭載できる長距離弾道ミサイルを開発すると（中国が容認できなくなり）状況は一変する」（日本経済新聞、2023年3月30日）と発言しています。

第6章　中国バブルは崩壊しているのになぜつぶれないのか

●中国の不動産バブルはなぜつぶれないのか

宮崎　中国のバブルはすでに崩壊過程に入っているはずですが、これまで言われていたのは、GDPの30%を占める不動産が致命的になって一気に経済が崩壊すると予想されていました。ところが、不動産デベロッパーがまだつぶれていない。そこが不思議なところです。世界経済最大の伏魔殿と呼ばれる所以《ゆえん》です。

最大手のデベロッパー、碧桂園控股（カントリー・ガーデン・ホールディングス）も資金調達の試みが失敗したと伝えられ、株価と社債が大きく下落して、傘下のデベロッパーが30社ぐらいつぶれている。けれども、おそらく政府が救済すると見られている。中国の国有銀行の融資枠はなんと63兆円と言われています。日本の予算（2023年度＝114兆円）の55・2%にもなる金額です。

中国の国有銀行は共産党の命令とあれば、将来の破産、焦げ付きは不問として融資する。西側の資本主義原理からは考えられない金融システムです。ジャック・マーが言ったとおり「中国に金融システムはない」のです。

中国工商銀行は碧桂園と万科企業など12社に6550億元（13兆円）を融資する。ちょうど孫正義が抱える有利子債務の合計額に匹敵する天文学的な数字です。

以下、中国銀行が万科など10社に12兆円、浦東発展銀行は碧桂園、緑城中国など16社に8兆8000億円、中国郵貯（郵儲）が5兆6000億円（これだけでも日本の防衛費予算より多い）。

ここで留意すべきは中国建設銀行と中国農業銀行がまだ融資枠を発表していないので、合計の融資枠は63兆円からさらに上積みされる模様です。また融資対象に問題の恒大集団が含まれていないのも妙です。

中国の不動産価格の値崩れは激甚で、22年11月期速報で、20年同月比の半分。つまりマンション価格は半値となっている。バブル崩壊でかつて日本経済はペシャンコになった。中国はこの再来を防ぐためにデベロッパー大手に資金をぶち込んで人為的に救済し、緊急融資でその場しのぎの生命維持装置をつけるわけです。

では、この巨額資金をどうやって捻出するのか？　打ち出の小槌は裏付けもなく、輪転機を回すことですが、近年の中国の資金調達方法は債券起債になっている。つまり借金を新たに投資家からかき集め、前の借金を返済する。悪政のスパイラルで債務は雪だるま式に累積されていく。これって中国版AT1（永久劣後債）です（笑）。いずれ紙屑になる。

12月12日に中国財政部は「追加」の特別国債を12兆円発行しました。2022年度中に中国が起債した「インフラ債」の発行額だけでも78兆円で、2019年比で2倍強。おもに地方政府のインフラ整備が目的ですが、金利が3・7％平均（ちなみに2022年度の中国GDP成長率は2・7％だから、金利が1％高い）。将来の返済はケセラセラになるのか、当面は利払いに追われるから、こうした借金体質はもはやパキスタン、スリランカ、ウクライナと同列です。

田村　普通は不動産市場が崩れたら、日本のバブル崩壊みたいに銀行に不良債権がたまって、銀行の信用不安が発生してとりつけ騒ぎになるなどで金融システムが崩れていく。ところが、中国は党中央が中央銀行である中国人民銀行に資金を刷らせてお金を市中銀行に投入するので、そういうシステミック・リスクにまでは至らないわけですね。

宮崎　普通の資本主義の国の場合は、銀行に不良債権が積みあがると、貸した資金が戻ってこないので、銀行がつぶれてしまう。しかし、多くの銀行がつぶれるような事態になったら全体の金融機能が止まるシステミック・リスクになるから、金融当局は銀行を救わなければいけない。ところがそうすると、「銀行だけをなぜ救うのか。モラル・ハザードだ」

と非難される。日本のバブル崩壊のときは、それで銀行への国庫投入が遅れて不良債権問題がいつまでたっても処理できなかった。

田村　日本のバブル崩壊で信用不安になぜなったかというと、デービッド・アトキンソンが１９９１年にソロモンブラザーズのアナリストとして日本の銀行の不良債権の実態をバラしたことがきっかけです。当時の大蔵省も市中銀行も不良債権の定義付けがきわめて甘く、米英、つまり国際標準に合わない。

それで、一番困ったのは、ドルを調達するときにジャパン・プレミアムを課せられてしまったことです。ドルを調達しようとしたら、ジャパン・プレミアムで利息を２％～３％オンしないと資金調達できなくなった。だから、大手銀行はみなＢＩＳ規制の対象ですから、軒並みプレミアムを払わされることになった。

宮崎　ＢＩＳの自己資本比率規制は、国際業務で８％、国内が４％ですね。

田村　そうです。さらにアメリカの格付け会社がこぞって日本の金融機関の格付けを下げてきた。ところが中国に関していえば不思議なことに、米英のどこの格付け会社も銀行調査部もみんな黙っている。どこも何も言わないでしょう？

宮崎　賄賂が動いていませんか？

田村　例えば、ゴールドマン・サックスが中国の銀行の内情をばらしてしまったら、ゴールドマンのチャイナ・ビジネスも危うくなる。そういう事情があるからだと思います。

宮崎　やっぱりそういうカラクリですか。米中は、金融に関して完全になれ合っているわけですね。

田村　銀行というのは所詮、信用だから、信用が失われたら、もうお金が回らない。お金が入ってこないとなると、たちまち倒れる。ところが、中国だけはそうならない。特別扱いされている。

中国当局もまず悪い情報が外に出ないように情報統制をしています。これは習近平の前から共産党はやっている。十数年前のことですが、そういう信用不安が出そうになったら、すぐに外国人との取引に損失が出て表ざたにならないように、政府が外貨準備を取り崩してドルの現金を使ってぽんと資本注入してすぐに資金を入れている。

宮崎　中国では2022年あたりから「爛尾楼《ランウェイロウ》」というのが話題になっています。これは、施主が建築費を払えないので工事が途中で止まってしまったマンションやビルのことです。

日本でも、マンションは建物の完成前から販売され、購入契約が結ばれるのが一般的ですが、日本の場合は「手付金保全措置」が講じられる。デベロッパーなどの倒産でそのマンションが引き渡されない場合、手付金は最終的に保証会社から返還される仕組みがある。さらに日本の場合、住宅ローンの融資実行はマンションの引き渡し時点であり、返済開始はその後です。ところが中国では、一般消費者が購入契約を結び、住宅ローンの支払いが始まっているのに、住戸が予定通りに引き渡されないばかりか、いつ完成するかもわからない状態になる。だから、デベロッパーが建築費を払えなくなって工事が止まると、悲惨なことになる。この「爛尾楼」が続出して、マンションを購入した人々がローンの支払いをやめるといって暴動寸前にまでなったことがありましたが、これもなくなった。

こうした不満分子のほとんどが共産党員だったので、共産党内における不満だから、習近平に一発で届く。そこで、とりあえず資金を出して、マンションを完成させろ、となった。それで不動産デベロッパーは軒並み、助かった。

ただ、これからが正念場です。土地の入札をやっても、民間に買い手がいない。国有企業に買わせている。命令だから国有企業は買っているだけです。国有企業のトップは全部共産党員、それも幹部だから、言うことを聞く。

田村　習近平は、業績の悪い企業を国有企業と合併させて、国有企業を肥大化させているからね。

宮崎　鄧小平の改革開放で「民進国退」が進んでいたはずなのに、習近平になって反対の「国進民退」になってしまった。この3月の党大会でも「改革」の文字はひとつも出てこずに、そのかわりに「穏定」がキーワードになっていました。

習近平は鄧小平路線を全否定したと言っていいと思います。改革よりも安定です。だからいまはまず住宅、不動産部門は、上のほうは助けるという方針です。ただ、広告とか関連の下請けは商売にならないから、ここで大量の失業が起きている。

田村　ただでさえ新型コロナのロックダウンでビジネスが停滞していたので、大量の失業が起きているはずです。

宮崎　もう一つ言えば、家庭教師や予備校産業をつぶしたので、これでだいたい８００万人ぐらい若者の失業が出ている。今年の大卒がだいたい１１５８万人、去年より82万人増えていますが、半分は職がない。

Z世代と呼ばれる中国の若い人たちは、日本人の若者よりもさらに草食系でなよなよしている。ほとんど去勢されていると言ってもいい。「寝ころび族」とか「ながら族」とか言われていますが、みなモラトリアムの延長戦です。仕事がなくて職につけないから、大学院に行くという。大学院がいま定員が300万人で、そこになんと470万人の応募があったといいます。まだ遊び足りないらしい。

田村　それは結局、親のすねかじりで、ニートのようなものですね。

宮崎　もちろんそうです。完全なニート、極端なニートです。その人生観は、チャイナドリームと言うけれど、アリババのジャック・マーのように成功しても、みんな国に取られる。それなら寝ていたほうがいいということになって全然元気がない。この点は日本よりも一歩先に行ってしまっている（笑）。

●新型コロナで中国人が何人死んだのかもわからない

宮崎　それで、新型コロナの問題です。河南省で89％の住民が感染しているといわれている。河南省は中国の中で一番人口が多いところです。9900万人ぐらいいるはずだから。その9割ということは8900万人ぐらい。

田村　いまはPCR検査もろくにやっていないはずです。なぜそんな数字がわかるんでしょうか。

宮崎　それも不思議でしょう？　これはフェイクの可能性もありますが、真実の可能性もある。

田村　南京大虐殺の数字みたいなものです。だれかが勝手に言いふらした。

北京も９割は感染しているという。しかし、そのぐらい感染してしまえば、集団免疫ができて、パンデミックは終わるからいいとなったようです。

宮崎　問題は何人死んだかです。

田村　必ずしもお年寄りが死んでいるのではないという話は聞いたことがあります。しかし、中国人は何人死んでもけっこう平気なところがある。箒《ほうき》で掃くように人が殺されてきた歴史の国です。ロシア人もそうだけれど、全然身内以外の死を恐れない。

宮崎　毛沢東の文化大革命の犠牲者が、だいたい２０００万人。その前の大躍進運動の犠牲がだいたい４０００万人ぐらいと言われています。今度の新型コロナは、イギリスの医療調査会社エアフィニティーが４月までに１７０万人死ぬと予測を出したけれども、ひょっとしたらこれを上回るかもしれません。

それで、中国経済がどうなるか。中国の若者たちの意気消沈と失業率の高さと新型コロナで、ＩＭＦは今年の中国のＧＤＰ成長率を２・４％と出しているけれども、マイナス成長になるんじゃないか。全人代では5%なんて強気の数字を出していましたが、できっこない。

田村　GDPの構成は結局、投資と消費、それから輸出です。輸出はまあまあ堅調で、あまり落ちていない。消費は相変わらずで、もっともシェアの比率が低いですから、問題は不動産投資、固定資産投資です。

宮崎　設備投資はどうですか。成長率を上げるには設備投資が一番大きく効きます。

田村　設備投資はもちろん入ります。ただ、設備投資は輸出が好調だったり、外資がどんどん投資を拡張したりしないとできない。いまの中国では、設備投資にはあまり期待できない。

宮崎　ということは、不動産投資ぐらいしかないということですか。

田村　これまで中国経済を引っ張ってきたのは全部、不動産投資、固定資産投資です。習近平になってからは、固定資産投資が伸びていますが、その主なものは不動産開発ですが、それがどんどん下がっている。

宮崎　日本のバブル崩壊と同じですね。つまり、それまでは、高度経済成長のときは、設備投資をすることで経済が成長する好循環が続いた。ところが投資先がなくなってきて不動産投資に走ってバブルになって、バブルが崩壊してデフレ経済に陥る。

田村　中国は、固定資産投資をやたらに増やしてきた。それしか経済発展を維持する方法がないからです。そもそもリーマン・ショックのときに、中国は4兆元（当時のレートで56兆円）の経済対策を打って、世界経済を救ったと喧伝しましたが、この4兆元はほとんど固定資産投資だった。

胡錦濤政権の時代でしたが、その後、2012年から習近平が総書記に就任してバトンタッチした。この固定資産投資が限界に来つつあるのがいまの中国経済の実態です。だから、成長率も当然ながらダウンする。

習近平は、それまで経済政策は首相の担当だったものを李克強首相から取り上げて、新たに中央財経領導小組をつくり、経済政策のハンドルを自らが握った。

その一環として人民元をある程度切り下げて、輸出主導を強くしようとしたら、資本が逃げるようになったので、大あわてで国内で住宅投資や不動産開発をやった。これで習近平政権はもっていた。しかし、図12のグラフを見たら不動産開発投資はずっと右肩下がりで、2022年はマイナスにまで落ち込んでいる。

宮崎　これを見れば、バブル崩壊そのものですね。ところが、この固定資産投資は、共産

図12　中国の不動産投資、GDP、資金発行などの前年比増減率

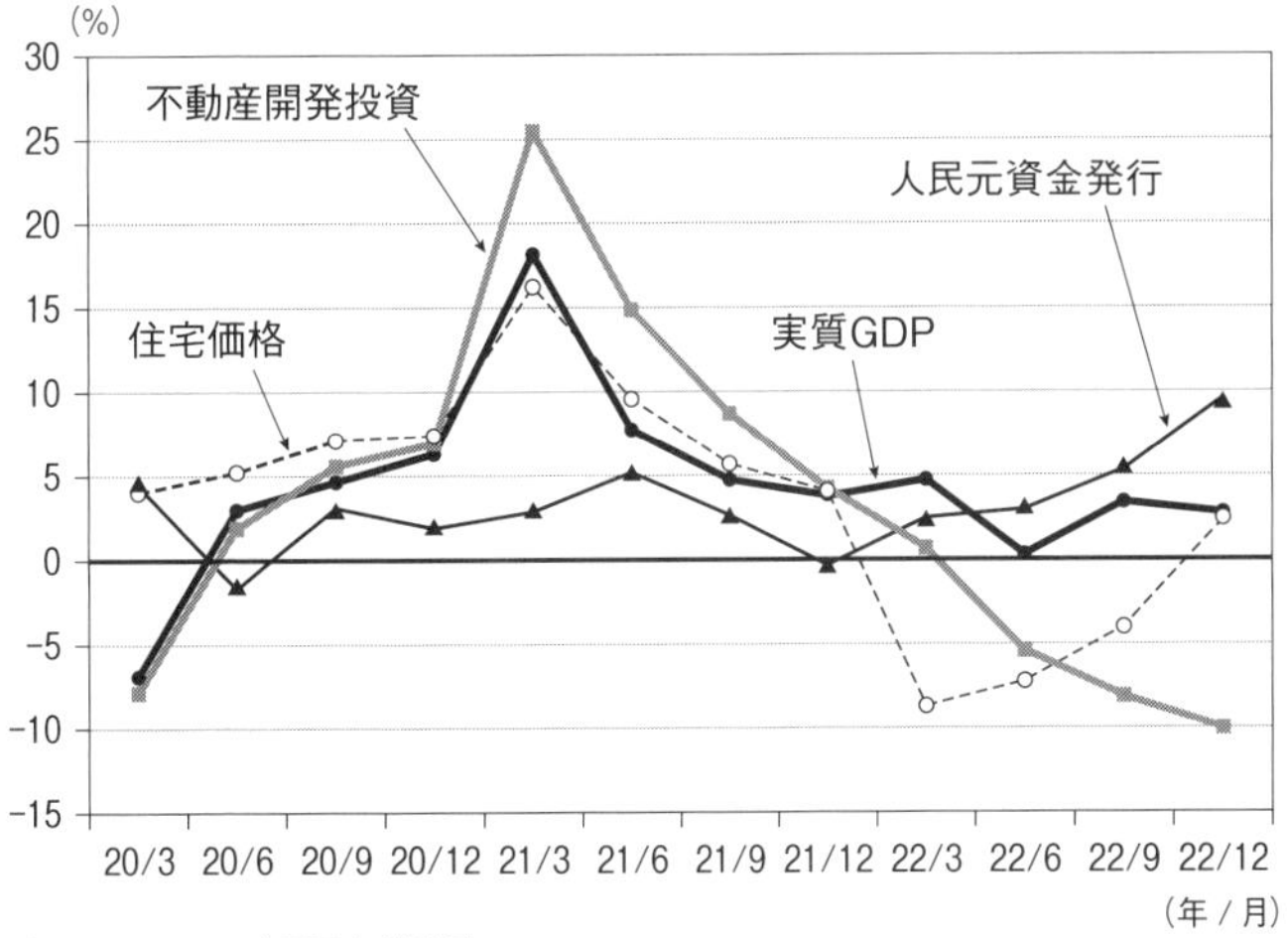

データ：CEIC、中国国家統計局

党員がやっているものだから、政府が資金を投入して、信用不安も起こらないようにしている。

田村　中国は、いま外貨の裏付けのない人民元を、けっこう刷って、マネタリーベースを増やしている。

宮崎　要するに緩和的な金融政策をやっているということですね。

田村　中国は、やむを得ず通貨発行量を増やそうとしているわけですが、日本やアメリカのように思い切った量的緩和はできません。

宮崎　ドルの裏付けがなければ、人民元は刷れないですからね。

田村　ドルの裏付けは、かつて100%

以上あったのが、いまはどんどん下がっていて、7割を切って、さらにいまは6割を切りそうです。

宮崎　そうなると、人民元の信任が一気に崩れますね。ドル・人民元のレートはいまのところまだ下がり方のペースが遅いけれど、いつかどかんと来そうです。

田村　どこかで崩れるでしょう。天安門事件のときには、インフレ率が10%ぐらいでした。それで、外準のマネタリーベースに対する比率は10%ぐらいしかなかった。だから人民元はほとんど裏付けのない通貨でした。それからドルの裏付けを増やしてきましたが、また下がり始めている。

●アメリカが中国の経済発展を利用した

宮崎　そのポイントは極めつきに重要ですよ。じつは、中国の経済発展はアメリカの協力なしにはありえなかったのは明らかです。1991年にソ連邦が崩壊して、東側の国々が次々に西側の資本主義体制に組み込まれていきました。そのとき、いちばんアメリカが重要視したのが、中国でした。

　1989年に天安門事件があって、西側が中国に経済制裁をかけましたが、当時のパパ・ブッシュ大統領は、鄧小平に宛てて、いずれ中国には悪いようにしないという主旨のメッセージを出しています。スコウクロフト大統領補佐官が秘密裏に北京に飛んだ。しかし、アメリカがまっさきに経済制裁を解除するわけにもいかなかったので、日本の竹下首相（当時）が、日本のODAを再開させて、1992年には、天皇陛下の訪中まで実現させた。おそらく、この対中融和を進めさせたのはアメリカの意向が背景にあったということでしょう。

田村　そのあと2001年12月に中国をWTOに加盟させたのが、中国市場を飛躍的に拡大させるという点では大成功だった。

宮崎　WTOに加盟できる条件がそろっていないのに、自由貿易の利益を中国が一方的に享受できるというほとんど詐欺のようなWTO加盟でした。ところが、中国の国内では反対が多く、WTO加盟を主導した朱鎔基の暗殺未遂まで言われたくらいでした。

田村　この中国のWTO加盟を助けたのがブッシュ・ジュニアだった。その大きな理由は、9・11テロが起きて、中国の協力がないとアフガニスタンでの反テロ戦争ができないと慌てた面があった。

宮崎　それは表向きの理由で、実は中国からお金をもらったからでしょう？

田村　ブッシュ政権が発足したのは2001年の1月ですが、当初はけっこう反中国でした。中国もアメリカの新しい大統領を試すかのように、就任後まもない4月には海南島の沖合で米海軍の電子偵察機EP3Eに中国側の戦闘機が接触して、中国軍機が墜落してパイロットが死亡するという事件が起きた。米軍のEP3Eも損傷して海南島に着陸して捕獲されてしまった。のちに米軍機は返還されて大事には至らなかったけれど、軍事的にもかなりの緊張状態が続きました。

それもあってブッシュ・ジュニア大統領は、それまでのクリントン政権の親中的なエンゲージメント（関与）政策から、コンテインメント（封じ込め）政策に転換するのではないかと見られていましたが、結局、クリントン時代とそれほど変わらないエンゲージメント政策になっていった。

2002年に江沢民が引退して、胡錦濤政権に変わりますが、江沢民が退任する直前の10月に江沢民はブッシュの別荘であるクロフォード牧場に招待されている。おそらくそこでお金のやりとりがあったかもしれません。

ちなみに翌年の2003年には日本の小泉純一郎首相と安倍晋三官房副長官がクロフォ

ード牧場に1泊しています。2003年はイラク戦争が3月20日に始まって、小泉首相はアメリカ支持を真っ先に表明しています。江沢民はクロフォード牧場には泊まっていないので、待遇は日本のほうが上でした。

さらに言えば、そのあと財務省の溝口善兵衛財務官が翌年の4月にかけて巨額の米国債買いをやっています。それまでは、米国債を億単位で買うと為替操作だと見られてアメリカから厳しく言われていたのが、このときは総額で35兆円も米国債を買ったのに何も言われなかった。

宮崎　さらに2005年にはゼーリック国務副長官が「責任あるステークホルダー論」を言いだした。このゼーリック演説は、それまでのアメリカの対中政策は中国を世界に取り込むというものだったが、これからはアメリカとともに世界に責任をもって関与するというものでした。ここから米中によるG2体制という発想が生まれてきたと思います。

私などこのとき、米中が組んで日本を置いてきぼりにするのかと淋しい思いをしたものです。

●ブッシュ・ジュニア政権も中国宥和に動いた

田村　ブッシュ・ジュニア政権の時代、私は日本経済新聞の編集委員で、レーガン政権時代にワシントン駐在だったこともあって共和党に人脈があり、ホワイトハウス取材のアポイントが取れた。当時はホワイトハウスの東アジア担当の主がジャパン・ハンドラーのマイケル・グリーンでした。マイケル・グリーンがホワイトハウスの中へ入れてくれてブッシュ政権の対日政策をあからさまに話してくれました。

ブッシュ政権が始まってすぐに日本は小泉政権になっていました。あのころはマイケル・グリーンも日本はよくなると考えていたようで、アメリカは小泉首相を全面的にサポートするという雰囲気があった。

もちろん、そこには日本の金融マーケットの利権も含めていろいろな意味があったでしょうが、日本がこれ以上弱くなったら困るとグリーンは言います。とにかく中国がこれから大国化していくから、日米で対抗しなければいけないという意識です。

ホワイトハウス取材をしたその足で友人のスーザン・シャークに会いました。スーザン・シャークは民主党政権のときの国務省のアジア担当で、彼女はたいへんな親中です。カリフォルニア、サンディエゴの大学で教えていましたが、サンディエゴに寄り道して、彼女と話をしました。

スーザン・シャークは、「ブッシュ大統領はけしからん」とさかんに言うんです。どうしてなのかと聞くと、「いまのブッシュ政権のホワイトハウスの安全保障問題のアジア担当は自分の友人で、彼女が私に電話してきて、海南島事件のときに江沢民が困っちゃって、ホットラインでブッシュにさかんに電話してきたのに、ブッシュは『絶対電話をとるな』と言って、電話に出ないので困っていた」ということでした。スーザン・シャークは親中だから、ブッシュの頑なな態度を怒っていました。

私としては、「ブッシュもタカ派的な態度を見せている」と思って感心していたのですが、2カ月ぐらいたって海南島事件は決着する。そのあと、国務長官のコリン・パウエルが訪中する。そこからアメリカは親中に傾いていく。

さらに9月の9・11の直前に、アルミニウム大手のアルコア出身のポール・オニール財務長官が北京を訪問して、人民大会堂の一室で江沢民や向こうのカウンターパートの財政部長に会っている。そのときのやり取りが、オニールの回想録に出ている。それがまたおもしろいんです。

要するに、オニールが訪中したのは、「人民元の切り下げをするな。為替制度の改革をしろ」という要請のためでした。ところが、江沢民と財務部長の金人慶の二人は、「それだけは勘弁してくれ」と要求には応じなかった。そのとき、オニールは、「中国は変動相場制になったら経済が崩壊する。だからできないだろう」と思ったと書いている。

オニールが中国訪問を終えて帰ろうとしたところに9・11テロが起こる。なんとか飛行機を乗り継いであわててアメリカへ戻った。

この9・11前夜に、ブッシュ政権は中国に対して、変動相場制への移行を含む金融の自由化は勘弁してやろうと決めたのです。

そのあと、アメリカは反テロ戦争で中国の協力が必要だと考えて、それまでWTO加盟について中国がつけていた条件を押し返していたのが、9・11から間もなく、2、3週間後に中国のWTO加盟にアメリカが賛成に回って、そこで決まった。

宮崎　このWTO加盟のおかげで中国経済の発展が大きく加速することになった。

田村　WTOに加盟してからの中国の貿易量の増加はすごいものです。

宮崎　だから、9・11がもたらした結果論としては、アメリカの対中政策はコンテインメントのはずが、エンゲージメントになって、中国は封じ込められるんじゃなくて、助かって繁栄することになった。

トランプは中国制裁には踏み切ったけれども、バイデンでは継承するとは言いながら、実は全然ゆるふんなことをやっている。そうすると、中国経済というのはまだ破滅はしないということになる。中国経済は、アメリカの政策によっていかようにもできる。そのアメリカが中国をつぶさないと判断しているということですね。

田村　アメリカは中国を崩壊させずに、結局サポートするんです。

宮崎　サポートするのは結局アメリカの利益になるからでしょう？

●米中新冷戦は始まったが、バイデン政権は中国に大甘

田村　トランプ政権になって、トランプは対中強硬に転じましたが、かなりあやしいところがあった。習近平夫妻をフロリダまで連れて行ってトランプの別荘マール・ア・ラーゴに招待したりしました。

宮崎　ただ、会食の最中にシリアにトマホークミサイルを撃ち込ませて、習近平主席を驚

かせた。

田村　トランプは不動産ビジネスのディールが基本だから、やるときはバシンとやる。

宮崎　アトランティック・カジノ・ホテルかな。私はこのホテルを見に行ったことがあります。ニューヨークからグレイハウンドのバスに乗って。２０２２年に爆破解体工事をやって廃墟となりましたが。不動産開発はマフィアとも交渉できなければ生きられない世界だから、トランプの勝負感覚は強いはずです。

田村　強烈なカードをちゃんと手元に持とうとするのがトランプ流です。だから、対中金融制裁にしてもいつでもつぶしてやるぞというブラフをかけた。

宮崎　実はアメリカが中国をつぶそうと思ったら、簡単につぶせるでしょう？　チャイナ・プレミアムどころか、ドルを供給しなくなったら終わりです。

田村　だけど、その場合にはウォール街を始め国際金融市場が大混乱になる。それが怖いので、そう簡単にはいきません。

オバマ政権からからトランプへ引き継ぐときの懸案のひとつに、北朝鮮の制裁破りをやっている中国銀行に対して、金融制裁をするかどうかという問題がありました。

中国銀行の丹東支店が、相当にいんちきをやっていた。その情報を全部、オバマ政権のときにつかんでいた。ところがアメリカ財務省が決めかねていたので、これは積み残して、トランプ政権に任せようということになった。要するに次政権への申し送りです。

宮崎　オバマも中国に甘くて、「戦略的忍耐」などともっともらしいことを言っていましたが、結局何もしないということでした。政権末期の２０１５年9月になってようやく安全保障上の問題が看過できないとなって、対中戦略を変えましたが、時すでに遅しでした。

田村　トランプはそれを引き継いだけれど、次に中国を脅すいい材料ができたという程度の認識だったと思います。しかし、トランプ政権も、制裁をやりませんでした。

宮崎　２０１２年に薄熙来の右腕だった王立軍が、薄夫人の谷開来が息子の家庭教師のイギリス人を毒殺した機密などを持ってアメリカ総領事館に駆け込んだ亡命未遂事件がありました。あの案件は北京大使では決定できないということで、オバマまでいって、オバマがやはり亡命は認めない、と。そこまで融和的だったんです。

成都の総領事館に、しかも王立軍は女装して駆け込んで、機密文書をたくさん持っていって取引で亡命したいと言ったら、オバマが中国を刺激するな、と拒否した。

田村　オバマは中国からお金はもらっていないはずなのに、なぜあれほど親中だったのか。

宮崎　オバマ自身は受け取っていないけれど、副大統領のバイデンはもらっていますね。

バイデンは習近平と大宴会をやっていました。オバマも引退後にカリフォルニアに豪邸を建てているので、真相はわかりません。

田村　国務長官がヒラリー・クリントンで、ヒラリーが国務長官として初めての訪問先が北京でした。そのときにヒラリーは、「なんで私が頭を下げなければいけないんだ」とぼやいたそうです。それでも「向こうはスポンサーだから」と言われて仕方なく頭を下げたと言います。そもそも亭主のビル・クリントンは中国べったりでした。

宮崎　ビル・クリントンは、訪中したときあまりにも好遇されたものだから、うれしくてジャパン・バッシングならぬジャパン・パッシングしたくらいです。

ビル・クリントン大統領は、法律を手加減してあげるかわりに、クリントン財団にお金を振り込ませるシステムをつくった。大統領府ではなくて実体は〝クリントン商会〟でした。

田村　共和党のほうはそうしたクリントン政権を苦々しく見ていて、ブッシュ政権になったら、対中強硬でいこうという話だった。すくなくとも私がホワイトハウスにいってマイケル・グリーンと話していたときにはコンテインメント路線だったんです。それが先ほども言ったように9・11テロ事件で徹底的に変わった。

宮崎　9・11のときアメリカは東トルキスタン独立運動までテロリストと認めてしまって、それで中国の新疆ウイグル弾圧が合法性を得てしまった。中国にしたら、何をいまさらウイグルの人権弾圧などと米国から批判されるのかという感覚でしょう。

●米中のデカップリングもハイテク分野だけ

田村　米中対立で、いま本気になって米中デカップリングらしき状態になっているのはハイテク分野だけです。

宮崎　ハイテク分野は、安全保障問題に直結しますからね。

田村　ここだけはさすがにバイデンも守らなければいけない。

宮崎　中国制裁というのは、バイデンにとってはハイテク制裁だけなのです。次世代ハイテクを封じ込めれば良いとだけ考えているのです。

田村　結局、オプションはこれしかなくなっている。だからTikTokのCEOを議会に召喚して5時間半も吊るしあげをやった。あの公聴会を見ていて中世ヨーロッパの魔女裁判を連想しました。ニューヨーク大陪審のトランプ起訴もそうでしょう。エキセントリックな空気が米国を支配しています。

宮崎　金融制裁はウォール街の返り血が怖くて、とてもできないということで、またこれはしばらくずるずるいくんでしょうね。しかし、このずるずる関係があれば、習近平はやはり台湾侵攻はできないでしょう。

もちろん、やる可能性はある。国内がへばって自分の評判がガタ落ちになって、経済的に貧窮したらやるでしょうね。

田村　ただ、台湾市長になった蔣介石のひ孫の蔣万安《ジャンワンアン》が総統選に出て当選したら、どうなるでしょうか。

宮崎　いや、彼は今回は、出ません。国民党は朱立倫が選ばれると思っていたら侯友宜・新北市長が出るし、郭台銘が自信満々に立候補を声明しました。台湾民衆から見れば、ビジネス・ヒーローである郭台銘のほうが人気が高い。

民進党は頼清徳が出馬する。蔣万安の選挙区は台北の中山区で、蔣介石の地盤です。軍人と公務員が主な住民です。今回、台北市長選で勝てたのは、民進党が二つに割れたことによる「漁夫の利」でした。陳水扁が奇跡的に当選したときとまったく逆の構図です。ガンは柯文哲前台北市長です。独自候補を立てたから民進党の票が割れた。２０２４年総統選にも柯文哲が立候補すると言明しており、彼が出ると漁夫の利は国民党に転がります。

田村　中国にすれば、国民党の誰かを総統にして、平和的に一国二制度に持っていくのが一番いい。そうすれば一つの中国で一致するわけだから。それが中国にとって一番理想的な台湾統一の方法です。

なにも180キロも台湾海峡を渡って兵隊を送り込んで武力攻撃をする必要などありません。もし武力侵攻で台湾人が多数死ぬことになれば、その後の統治がうまくいくはずがない。

台湾との軍事力だけを比べると大陸側が圧倒的に有利ですが、ウクライナ侵攻のロシアに対するように米、日、欧が結束して対中金融・経済制裁をすれば、中国経済は大混乱します。

戦況が長引くようなことがあれば、大陸内部でも習近平政権への反発が高まりかねない。だから武力以外の方法で併合を狙うでしょう。

宮崎　中国大陸に近接している馬祖島や金門島を中国は明日にでも取れる。本気で攻めれば1時間で占領できる。金門島には無人島が2つありますから、1つの無人島を占領して

「勝った」と言えばいいはずです。要するに中国にとって重要なのは宣伝戦ですから。ところが過去70年間、中国は何もしていない。

田村　李登輝総統の時代でも、国民党の連中は裏で共産党とツーカーでつながっていました。香港に駐在していたとき、香港の親中派の財界人から聞きましたが、お互いの子弟を自分のところへ住まわせたりして交流していたといいます。お互いに子供を預けあうというのは相当深い関係です。

宮崎　子供を預けるというのは基本ですね。そもそも国共内戦の時代だって、お互いにスパイが入り込んでいて、共産党の人間が国民党の幹部になって、情報が筒抜けなんてことだらけでした。

さらに中国には客家《ハッカ》のコネクションがあります。李登輝さんも客家の出身でした。彼のブレーンの多くも客家です。客家コネクションは、世界的な情報網をつくっていました。鄧小平も客家でした。北京も客家人脈が強くて、「ミサイル撃つけど、空砲だから」と電話が入ってきて、それを李登輝は知っていた。李登輝も、はったりかもしれないけれど「私には18の戦略がある」と大きく構えていました。

田村　『十八史略』というわけですね。李登輝さんには金庫番がいて、その人物がパイプ役をやっていました。ことほどさように、中国人ほど政治的に成熟した人たちは世界にいない。だから、戦争で銃火を交えるなんていうのは一番最後の最後です。

台湾プラスチック工業の創業者で台湾の松下幸之助とも言われた王永慶は、本省人なれど、中国統一派でしたが、大陸に国民党が入っていって民主化すれば、国民党が政権をとれると考えていたふしがある。

そもそも日中戦争で日本軍と戦ったのは国民党の軍隊で、毛沢東の中国人民解放軍は長征と称して逃げ回っていただけですから、そもそもの政治的正統性は国民党にある。だから王永慶は、大陸に逆侵攻して台湾の国民党が中国を乗っ取ってしまえばいいというぐらいの大きな発想をしていました。

宮崎　毛沢東は日本軍のエージェントだったとかね（笑）。実は中国共産党は日本軍とつながっていて、日本軍に国民党をたたいてもらっていたのは事実です。毛沢東本人がそれを認めている。

1964年に日本社会党の佐々木更三率いる訪中団が毛沢東と会ったときに、佐々木が過去の日本の戦争について謝罪すると、毛沢東は「何も謝ることはない。日本軍国主義は中国に大きな利益をもたらしてくれた。中国革命は日本軍なしでは不可能だった」と言ったというのは有名な話です。

田村　もし台湾が大陸に逆侵攻するなら、国民党にそれだけのリーダーシップと野心を持った人間が出てくればそうなる可能性はありますね。

２００８年に総統になった馬英九は大陸にだいぶ傾斜していましたが、２０１２年に呉伯雄国民党栄誉主席が訪中して北京で胡錦濤総書記と会見して、呉伯雄が「一国二区」（一つの国家、台湾と大陸の二つの地区）の考え方を国共の首脳会談で初めて提示して、両岸は国と国の関係ではなく、特殊な関係だとしたことで一気に支持率を下げてしまいました。

宮崎　馬英九は、人間の器がちょっと小さかった。小役人タイプです。ハーバードには留学していましたが、そもそも通訳あがりで総統にまでなった人です。

この3月27日から12日間も馬英九は大陸を訪問しましたが、蔡英文総統がアメリカを訪問してマッカーシー下院議長と会うのに合わせた嫌がらせでしょう。

田村　台湾と中国が裏でつながっているという話に戻すと、台北郊外にＡＩＴ（アメリカン・インスティテュート・イン・タイワン）があります。文化交流センターみたいな形ですが、事実上の大使館で高台にある。ドーム型の建物にレーダーが据え付けられている。

このレーダーで大陸の情報を取るわけですが、もう一つは台湾内の親大陸勢力にアメリカの機密情報が漏れないようにするためでもある。

宮崎　あの建物は後ろが岩盤になっていて、完全な軍事要塞ですね。

田村　問題は台湾の国軍に内通者がいっぱいいるということです。だから、アメリカは台湾を絶対に信用していない。

宮崎　共産党にも内通者がいる。お互いに取引している。それが中国人です。

田村　例えば、周恩来が上海で共産党員がさんざん弾圧されたときに生き延びられたのは、蔣介石のおかげだといわれている。

宮崎　第1次国共合作でつくられた黄埔軍官学校の校長を蔣介石が務めていたときに、政治部主任として蔣介石を補佐していたのが周恩来でした。

1936年に起きた西安事件のときは、蔣介石が西安郊外の華清池で張学良に捕まったときには、周恩来が飛行機で延安から飛んできた。蔣介石の妻の宋美齢とウィリアム・ドナルドというアメリカ人顧問も来て、第2次国共合作をまとめて蔣介石を解放した。

この西安事件でアメリカと中国共産党が組んで、国民党を抱き込んで翌年の第2次上海事変で日本軍を殲滅すると決めている。本当にしたたかです。米中との関係はなかなか一筋縄ではいかない。

田村　現実はそうなんです。

宮崎　無駄話ですが、あの華清池に絶世の美女といわれた楊貴妃の白亜像が建ってますね。彼女がややデブの体型なのには驚かされました（笑）。

第7章　世界金融危機とは反対に日本経済は大復活する

●世界インフレは新型コロナが収束して需要が増大して起きた

宮崎　いまは世界的なインフレで、アメリカのFRBを始め各国中央銀行は利上げに走っていますが、その副作用でシリコンバレー銀行が破綻するなど、金融が不安定でリーマン・ショックの二の舞いになるのではという不安が世界を覆っています。

　そこでまず、なぜ世界的なインフレが起きたのかについて考えてみたい。

田村　世界インフレの原因はかなり単純です。新型コロナのパンデミックで各国政府がお金をばんばん刷って財政出動したので、需要が伸びて、デマンドプルでインフレになった。それに加えて、OPECでロシアとサウジが組んで、生産量が減少しているので、石油の値段が上がってきて供給要因でもインフレになっていたところに、新型コロナが収束して需要が復活してインフレが止まらなくなった。

宮崎　アメリカはそうですが、ヨーロッパは事情がちょっと違うでしょう?

田村　ヨーロッパはインフレ下の景気後退、つまりスタグフレーションですが、それでも経済の基調は日本のようにデフレではない。デフレ病は日本だけですから。

宮崎　では、なぜ日本だけがデフレなのかという問題がありますが、結局、日本がデフレから抜け出せないのは、デフレギャップを放置してきたからではないのか。

デフレギャップは、潜在成長率に対して需要が不足していることをいいますが、単純に経済の供給力に対する需要不足ということでもいい。

需要が不足していれば、資本収益率が下がるのは目に見えていますから、企業は投資をしなくなります。そうなれば、従業員の賃金も下がり、消費が落ち込んで、さらに需要が不足してしまうので、デフレのスパイラル状態になってしまう。

それが、バブル崩壊以後の日本で起きてきたデフレの正体です。

亡くなった安倍首相が打ち出したアベノミクスは、大胆な金融緩和と機動的な財政出動、さらに民間投資を喚起する成長戦略の3本の矢でデフレを脱却しようとしました。

確かに金融政策は黒田東彦・前日銀総裁が異次元の金融緩和で、マネタリーベースを大幅に増やしましたが、デフレギャップがあるときに民間に資金需要があるはずはないので（企業は内部留保を400兆円以上も積みあげた）、緩和したお金は市中にはまわらずに、経済をインフレに転換させるだけの効果を発揮できなかった。

だから企業は次に自社株買いに走る。じつに9兆円。いまも巨額のベースマネーが日銀

図13　需給ギャップの推移

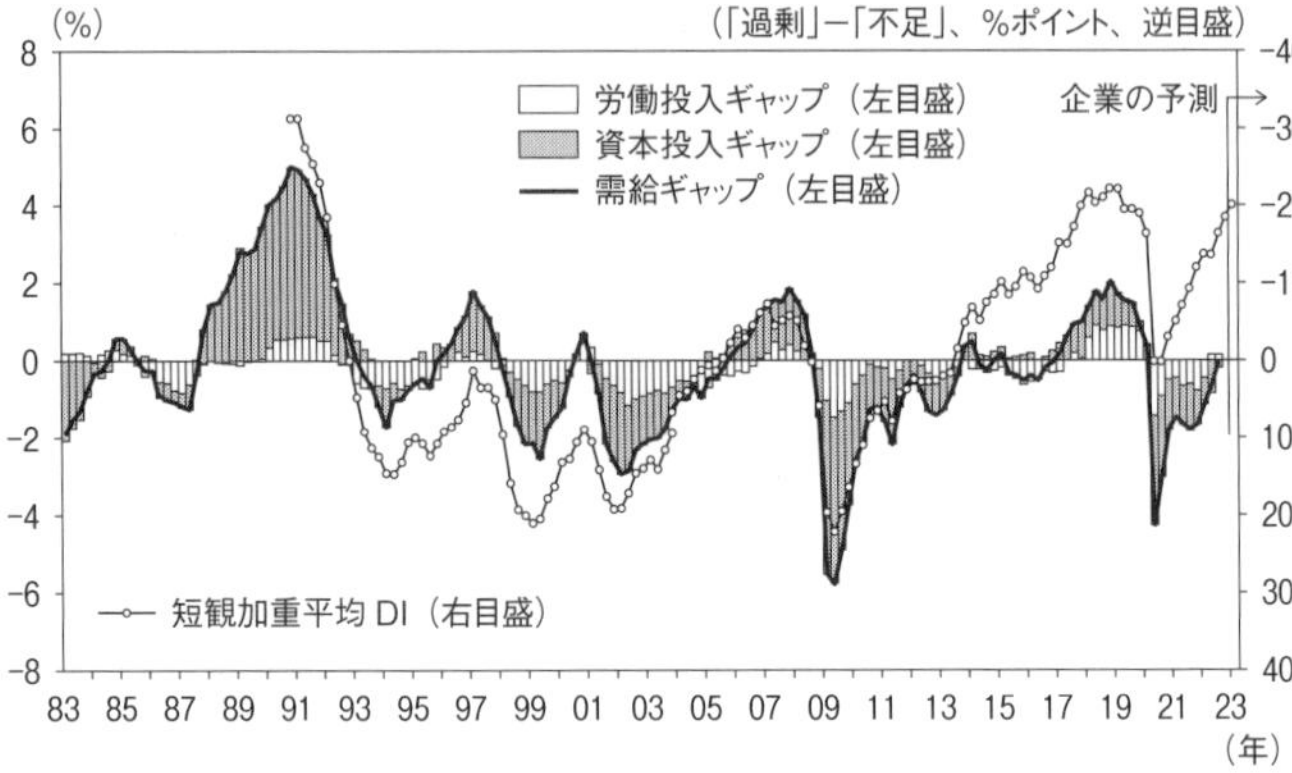

（注）1. 日本銀行調査統計局の試算値。
2. 短観加重平均DI（全産業全規模）は、生産・営業用設備判断DIと雇用人員判断DIを資本・労働分配率で加重平均して算出。なお、短観の2003/12月調査には、調査の枠組み見直しによる不連続が生じている。

データ：内閣府、日本銀行、総務省、厚生労働省、経済産業省

当座預金口座にぶた積みになっています。

問題はアベノミクス2本目の機動的な財政出動がほとんど機能しなかったことです。

民間に資金需要がないのだから、政府が財政を出してデフレギャップを埋めなければ、デフレが進行するだけで、インフレ転換などできるはずがない。

ところが、財務省は財政の健全化にこだわって、消費税の増税を実行させることで、デフレをさらに悪化させた。

田村　日本は安倍政権下でも消費税の増税をやってしまって経済に悪影響を与えたことが大きい。

アベノミクスで経済が上向きになるとすぐに財務省主導で消費税の増税をやって、景気を腰折れさせてしまうので、いつまでたってもデフレから脱却できない。

宮崎　図13の日銀による需給ギャップのグラフを見れば一目瞭然ですが、たとえば１９９７年ころにゼロからインフレ側に需給ギャップが上振れしたのが、１９９８年以降、一気にまたデフレギャップが拡大している。このときは、１９９７年４月に橋本龍太郎内閣が消費税を５％に引き上げています。

さらにアベノミクスの効果が出始めた２０１４年ころにデフレギャップがインフレ側に戻ってきたのに、これもまた２０１５年から２０１６年ころにデフレ側に落ちてしまう。２０１４年４月に消費税を８％に引き上げたので、またデフレギャップが復活する。

さらに安倍首相が２度も先延ばししてきた消費税10％への引き上げが２０１９年10月にあって、このときは翌年の新型コロナショックもあって、一気にデフレギャップが拡大しています。

これを見れば、日本経済はデフレから脱却しそうになると消費増税をしてまたデフレに逆戻りを繰り返してきたことがはっきりとわかります。

●橋本龍太郎政権から日本はデフレに落ち込んだ

田村　最初に日本経済をデフレに陥れたのは、橋本龍太郎政権でした。当時の日本の財政赤字は大したことなかった。せいぜいGDP比で30％ぐらいだった。優等生ですよ。ところが、橋本政権は、財政再建のための緊縮財政政策として消費税の5％への増税と特別減税の廃止、医療保険の患者本人負担増（「9兆円の負担増」）と3段がまえで強烈な財政緊縮策をやってしまった。プライマリー・バランスを最初に言い出したのは橋龍です。橋龍は完全に財務省に乗せられていました。

この緊縮財政で日本経済は一気に冷え込んで、1997年には三洋証券のデフォルトから、北海道拓殖銀行、山一証券が破綻し、さらに翌年に日本長期信用銀行や日本債券信用銀行が破綻した。

それだけではありません。橋本政権はさらに金融ビッグバンを推進して、フリー（市場原理が機能する自由な市場）、フェアー（透明で公正な市場）、グローバル（国際的で時代を先取りする市場）の3つの原則を掲げて、金融の自由化をしてグローバリズムの流れに乗せられることになった。橋龍は勘違いしていて、変にいきがっていました。

宮崎　橋龍は、中国のハニトラにも引っかかっていましたね。私にとっての橋龍のイメージは山男でもポマード男でもなくて〝アンパンマン〟なんです（笑）。ペルーで日本大使公邸がテロリストに占拠された事件のとき、日本は特殊部隊も送りこめず、橋龍は毎夜外務省にごくろうさんといってアンパンを買って運んだからです。

１９９０年の湾岸戦争では、開戦直後に90億ドルの支援を表明していましたが、当時大蔵大臣だった橋龍と大蔵省の内海孚財務官がブレイディ財務長官と交渉したときに、円建てかドル建てかを決めておらず、米側はドル建ての支払いを求めて、結果的に１３５億ドルになってしまった。

湾岸戦争が終わって、クウェートが湾岸戦争に参加した国々に対して感謝広告を出しましたが、そのなかに日本の名前は記されなかったというおまけまでつきました。

田村　１９９６年〜１９９８年の段階で、橋本龍太郎が日本経済をデフレにたたき落としてからすでに30年近くもたとうとしているのに、日本はいまだに同じような失敗を続けています。

今回の岸田政権が防衛費を２％に増額すると決めたことは大いに評価できますが、「いまを生きる我々が将来世代への責任として対応すべき」として、1兆円は増税でまかなうというのはいただけません。

●日本は外国為替特別会計をやめれば増税の必要はなくなる

宮崎　日本は外貨準備のうちの1兆ドル以上を米国債で所有していますが、当然それには金利がつきます。金利は日銀の政府口座に入ってくる。いまは円安ですから政府の収入は増えているはずです。

田村　帳簿上は外国為替特別会計になる。それが日銀の政府の口座に振り込まれる。

宮崎　その金額が巨額に膨れ上がっている。だから岸田首相は、未来世代に先送りはできないといって増税ばかり言っていますが、増税しなくても外為特会だけでも巨額の為替差益があるはずです。

田村　計算の仕方にもよりますが、40兆円近くはあるでしょう。

宮崎　そもそも外為特会をいまだに維持しているのは日本ぐらいで、他の先進諸国はとっくにやめている。管理通貨制度に移行してすでに50年もたっているのに、そんなお金があること自体がおかしい。

田村　そのとおりです。変動相場制だから、別に政府がそんな軍資金を持たなくていい。先進国では日本だけです。

宮崎　外為特会が40兆円近い。いや3月の利上げで4・75％になりましたから、ひょっとして50兆円くらいあるかも。防衛費の増額なんか簡単にできるのにそうしない。そのお金はどこの利益になっているのか。

田村　財務官僚の利益ではあるけれど、アメリカにとってみれば安心材料になっています。財務省の国際金融局（国金局）は外銀とつるんでいる。日本国債を対外取引する場合に、必ず外銀を通す。たとえばゴールドマン・サックスの日本法人とかです。彼らに手数料が自動的に入る。それはたいへんな利権です。

宮崎　六本木ヒルズに入っているのはみんな外銀です。いま日本の経済の中心にある株価の値決めは兜町じゃなくて、六本木ヒルズです（苦笑）。

●防衛国債で日本はデフレを脱却できる

田村　私は、一昨年の総選挙で自民党が防衛費をＧＤＰ比２％にすることをうたった時点から、「防衛国債」を出すべきだと言ってきました。「防衛国債」で日本はデフレからも防衛費の予算抑制からも脱却できると考えたのです。それで去年のはじめに「『防衛国債』でデフレ脱却だ」（月刊『正論』、２０２２年3月号）という文章を書いたら、安倍元総理がそれを読んで賛同してくれたと聞きました。

日本のデフレ問題の根本には、日本が緊縮財政をずっと続けてきたということがあります。この緊縮財政によって、防衛費はもちろんのこと、教育も子育ても予算が抑えられてきたのです。国債は将来にツケを残すといいますが、その将来が経済が低迷して若い人の就職先もないというような将来でいいのかということを考えなければいけない。

国債というと「国民の借金」と捉えられて、借金で防衛費をまかなうのかという主張がなされますが、これは経済がわかっていないための誤解にすぎません。

一般の企業は、借金して先行投資する。設備投資、あるいは人材への投資を借金でやるのが当然で、銀行から融資を受けるにしても、株式を増資して投資家からお金を集めるにしても、いわば借金です。そうして将来に向けた資金を集めて投資をする。これで企業は成長するわけです。

逆に節約ばかりして投資をしない企業があれば、この会社は成長しない。いまのほとんどの日本の会社は借金をして投資をしないから成長できなくなっているのです。これは資本主義の原理に反しています。資本主義というのは、いわば借金で成り立っているのです。そのために金融市場があるのです。

宮崎　株式市場というのは企業が資金を調達する場なのですから。投資家にとってもインカムゲインを基本とすべきなのに、橋龍の〝改革〟以降、外資が入ってきて、キャピタル・ゲイン志向のマネーゲームの場に化《ば》けてしまった。

田村　国家も同じで、将来に向けて投資をしなければならない。戦後の憲法と一緒につくられた財政法というのがありますが、その財政法４条は、「公債又は借入金以外の歳入」を財源としなければならない。つまり赤字国債は発行するなと規定していますが、それでも建設国債は認めている。

これは当然の話で、国民および国土の安全には投資が必要です。建設国債というと国土の保全のための建設投資だけと受け取られますが、いまの日本には何が一番必要かと言えば、人材の育成、子供の教育、それから防衛でしょう。

●黒田総裁も消費増税を後押ししていた

田村　2014年4月に民主党、自民党、公明党の三党合意で決めた消費税の第1次の8％への増税があった。次は1年半後の予定になっていたので、2015年の秋には10％にするはずでした。ところが最初の消費増税でいったん落ち込んだ景気がいっこうに回復してこなかった。

安倍さんは第1弾の消費増税をする前に、リフレ派からも広く意見を聞いています。私は当時、アベノミクスの中心人物の一人だった山本幸三議員ともよく会って取材していました。山本幸三さんは東大経済学部から財務省にトップ入省したと言われている秀才です。経済学の知識もアカデミックなレベルで、イエレン財務長官ともツーカーの関係という経歴の人ですが、彼も「田村さん、消費税の増税をやってもアベノミクスが成功しているから大丈夫です」と太鼓判を押していました。

日銀の黒田総裁も財務省出身ですから消費税の増税について、安倍首相に「消費増税をやらないと、日本国債の信用が棄損する」と脅していました。

宮崎　ところが、実際に消費税を上げたら、落ち込んだ消費が一向に戻ってこなかった。

田村　それで、安倍首相は増税に慎重になっていきました。結局、安倍さんは総選挙で信を問うと訴えて増税を2度延期したわけです。

黒田総裁としては、なんとか消費増税の2段目をやらせたかったようです。そこで黒田は、2016年1月にマイナス金利政策に踏み込んだ。マイナス金利までやったのは、「ここまで異次元緩和を徹底したのだから、消費税の増税は予定どおりやってほしい」というメッセージだった。

しかし、マイナス金利は、筋の悪い政策でした。マイナス金利にメリットがあるとすれば、ひとつは円安効果。そして経済の理論上では、物価を上昇させる効果があるはずでした。ところが、全然効果はなかった。

逆にマイナス金利政策をやってしまうと、今度はもとに戻せなくなるというデメリットが出てくる。本来、日銀の金融政策で誘導できるのは、短期金利だけで、銀行間の取引金利つまりインターバンクの金利だけです。金利のオペレーションは、0%から0・25%ぐらいのレンジで、幅を持たせる。それをマイナスの領域までやったら、マーケットはもっと深掘りするんじゃないか、と疑ってしまいます。

さらに日銀の当座預金には付利《ふり》金利がついていたのが、マイナス金利になって、逆に金利を取らなければいけなくなるので、ややこしくなっている。2016年1月に日銀の黒田がマイナス金利を導入したのは、明らかに失敗だったと言えるでしょう。

宮崎　マイナス金利が思ったほど効果を上げなかったからか、黒田日銀は2016年の9月に新たな金融政策の枠組みとして「長短金利操作付き量的・質的金融緩和」を導入しました。これがいわゆるイールドカーブ・コントロール（長短金利操作）です。将来の安定した金利水準の持続性を醸成し、物価上昇率2％を安定的に超えるまで資金供給量を拡大し続けるというものです。

これまでの伝統的な金融政策では、短期金利を操作して、それを長期金利に波及させる形を取っていました。イールドカーブ・コントロールは、短期金利だけでなく、長期国債の買い入れを行い、コントロールすることで長期金利の誘導を可能とするものです。

田村　要するに、それまで年間80兆円も買っていた国債を買わなくてもすむようにした。

宮崎　イールドカーブ・コントロールは日銀副総裁だった雨宮正佳氏の理論です。だから、黒田の次の総裁に雨宮の名前があがっていて、自分でやり始めたイールドカーブ・コントロールをやめさせるという話でしたが、雨宮氏は総裁就任を固辞したということで、植田和男さんに決まった。

田村　長期金利の標準である10年物国債の金利をゼロに誘導するために、金利幅をプラスマイナス０・25％で維持してきた。０・25％の幅で金利をコントロールすると日銀が宣言して国債買いをするので、10年物金利は０・25で止まってしまう。そうすると短期から長期になるにしたがって右肩上がりになるのが理想的な金利のカーブが、10年物だけが、へこんでしまっていた。そこで２０２２年12月に許容上限を０・５％にしたら、すぐに天井の０・５％に長期金利が上がってしまった。

宮崎　長期金利が上がったので、日銀が利上げ政策に転換したという捉え方も出てきました。

田村　厳密に言うと、利上げではありません。利上げというのは、あくまでも政策金利、つまり短期金利のことです。誘導金利の幅を上げたにすぎない。

宮崎　それでも市場は利上げを意識して、それまでドル円の為替は円安だったものが急速に円高になりました。

田村　アメリカはすでに金利をかなり引き上げてきて、インフレが収まってくれば利上げは終わりになる。それに対して日銀はこれから利上げするしかないと予想されていた。マーケットがそう反応するのも無理はありません。しかも日銀総裁の黒田氏もこの4月に退任するわけですから。

●財政支出さえすれば日本は復活できる

宮崎　しかし日本のメディアの反応は極端から極端に振れすぎです。円高のときは円高で日本は苦しいと言って、円安のときには円安だから苦しいという。どっちにしても日本は悪くなるという捉え方しかできないのはおかしい。

田村　いつも私が言っているのは、為替は大きく振れなければいいということです。140円だろうが150円でも、安定しているなら日本経済は問題ない。いまの円安で日本の輸出企業は絶好調です。

宮崎　海外に工場を移転しているトヨタはあまり儲からないかもしれないけれど、多くの輸出企業は、めちゃくちゃ儲かっている。

田村　史上最高益のところも多いでしょう。それに賃上げが実現すれば経済は好循環になる。岸田はラッキーです。

宮崎　ユニクロは従業員の給料を4割も上げるといっている。今年の春闘でも29年ぶりの3％台の賃上げが実現しています。大卒新入社員の初任給が横並びに24万～25万円になりましたね。70年代初頭の大卒初任給の10倍です！

田村　だから、日本は本当はいいムードになっている。世界はインフレに苦しんでいるけれど、日本はこれまでのデフレが長かったので、マイルドな物価上昇にとどまっていて、世界でも一番恵まれた経済状況です。

宮崎　日本人は発想の転換が必要ですね。あまりにもデフレの時代が長かったために、ちまちましたデフレ思考がしみついてしまった。なんでもかんでもコストカットすればいい。賃金を下げて雇用を守るのが大事だという発想しかなくなった。節約こそが美徳とばかりにお金を使わなくなった。

ところが、そうすると家計の貯蓄が増えるばかりで、それを借りて使う投資がないのでデフレギャップが広がってデフレスパイラルに落ち込んでいく。

日銀がいくらマイナス金利にしようが、投資意欲がなくて、投資しないと経済は回っていかない。投資こそが成長の原動力なのに、利益はみんな内部留保になってしまっている。これでは経済成長などできるはずがない。このデフレマインドを逆転させないと日本の再生の機会はなくなってしまう。それをいつまでもデフレに逆戻りさせてきたのが、財務省だったんじゃないでしょうか。財政均衡主義こそが諸悪の根源です。

田村　財務省は目先の「財源はありますか」ばかりで増税しか考えていませんから。

宮崎　財源はなくてもやるときはやらないと国が亡んでしまいます。借金をいくら巨大にできるかも、政治家の器量なんですよ。

田村　財源があろうがなかろうが、国家存亡の危機にはお金を使わなければいけない。それを決断するのが政治です。「さあ、これから勝負だ」というときに「財源はありますか」なんていうのはばかげています。さきほど提案した「防衛国債」のように、国家に必要な投資はやらなければいけないし、投資をすれば必ず経済は成長する。

宮崎　ＭＭＴ（現代貨幣理論）じゃないけれど、結局、資本主義経済というものは、先にだれかが負債を負うことでマネーが生まれるわけで、そのマネーを投資に回すことで経済が成長していくという循環が起きる。

田村　ただ、私がＭＭＴに賛成しないのは、いまの経済は金融市場主導になって投機勢力に翻弄されやすいからです。マーケットの予想に経済が全部支配されてしまう。日本が国債を刷り続けて財政赤字をもっと膨らませていくというふうに市場から見られたら、国債不安、国債暴落が起きかねない。だから、自国通貨建ての借金だから、いくら増やしてもいいと言っていたら、投機筋に付け込まれてしまいます。ＭＭＴという極端な理論を振りかざさなくても、財政支出による実需の拡大効果は正統なケインズ理論で証明されているのです。

デフレのときはインフレの恐れはないのですから、増税や緊縮財政を避け、必要な分野に財政支出を行い、「必ず成長させる」という政治の決意のほうが大事です。

ＭＭＴはにわか仕立てのアメリカの二流経済学者の理論にすぎません。アメリカ経済学の本流には受け入れられていない。やはりポール・クルーグマンとかジョセフ・スティグリッツとか、ノーベル経済学賞をとっているような学者の議論とはかけはなれています。

宮崎　でも、あのヘリコプター・マネーで有名なベン・バーナンキがノーベル経済学賞をとるくらいですから、ノーベル経済学賞は、ノーベル文学賞と同じでかなり政治的になっていますね。

それはともかくとして世界各国のＧＤＰ成長率は３％～４％ぐらいで、みんな順調に成長してきたのは、政府の財政支出が出ていたからでしょう。日本も新型コロナ対策で16兆円くらいの財政を出したので、GDPが成長しています。IMFの経済予測でも世界各国の成長率が低下しているなかで、日本だけが1・6%程度の成長率が見込まれています。これはデフレから抜け出す千載一遇のチャンスです。それをまた財務省の増税でつぶしてもらいたくないです。

田村　新型コロナのときに財政出動は効きました。借金はしたけれどこれをちゃんと成長につなげていきますよというメッセージを打ち出すことが大事です。

宮崎　さて最後になりますが、私が深く懸念しているのはアメリカの衰退という大問題です。へゲモニーの喪失が次の世界史にいかなる影響を与えるか。アメリカの軍事外交戦略を観察していますと、中国の覇気に比べてはっきりと見劣りがする。

私たちが従来思い描いてきたアメリカ像が思いっきり変身したという事実があり、アメリカの血液型は変わったんじゃありませんか?

かつてアメリカは「ワスプ（WASP）」（ホワイト、アングロサクソン、プロテスタント）の国と言われました。いまやプロテスタント諸派は分裂しているため、バイデン大統領がカソリックであるように、なぜかカソリックが政治的に大きな力となっていますね。

白人はかろうじて多数派であっても激甚な勢いで少子化している。

逆に黒人、ヒスパニックの増殖ぶりが際立ち、そのうえアジア系の移民が凄い。ワスプから少数派が乱立し、それぞれが方向違いの主張を唱えて譲らない国になった。お互いが激しくいがみあっている。イスラムの影響も拡大しています。まさに亀裂から分裂国家の様相です。

「古き良きアメリカ」は何処にもない。偉人たちの銅像を破壊するなどキャンセルカルチャーが蔓延して、建国以来の歴史は否定され、「白人原罪論」という強迫観念が憑依《ひょうい》したかのようです。

ひとつには黒人を差別した過去への逆襲という側面がある。60年代のベストセラーだった小田実の『何でも見てやろう』などを読むと、バスも公衆便所も白人と黒人とは別々だったし、大学に黒人が行くのはむずかしかった。ハリウッド映画は白人が必ず主役で西部劇や戦争映画が主流だった。シドニー・ポワチエが最初の黒人の主演俳優でした。

近年、ハリウッド映画はほとんど黒人が主役となり、そのうえアクション映画にまで女優が登場している。マギーQなんてアクション女優、知ってますか？　母親はベトナム人、それが主役を張っている。様変わりでしょう。

アファーマティブアクション（黒人雇用比率を制度化）に続いて、70年代から興ったフェミニズム運動が暴走しはじめ、ジェンダーギャップは確実にあるのにミスター、ミセス、ミスの区別をやめろと言い出した。ＭＸというそうです（笑）。トイレの男女区別をなくそうという。男が女になってスポーツ賞金を獲得しても文句が言えない空気があります。「われわれが99％」運動はウォール街に座り込んだ抗議活動でしたが、ＢＬＭ（ブラック・ライブズ・マター）に到っては、黒人の犯罪に警官が見て見ぬふりをするようになって治安は極度に悪化しました。

アメリカは「大統領の下に団結する国」だったはずですが、いまでは「大統領が分裂の音頭を取る国」になった。

１９８０年に登場したレーガンには親和力がそなわっていて対話を重んじたけれど、狡猾なクリントン時代になると政治風土はささくれだち、共和党vs民主党の対立はイデオロギー的に先鋭化した。従来の価値観を壊した流れにオバマが拍車をかけ、とうとうバイデン政権は国家破壊路線を驀進しているのではないですか。

観察するところ、アメリカのなかに別の国々が存在している。ましてアメリカのハイテク先進地区の地図が変貌し、カリフォルニアからエリートらがアリゾナ、テキサスへ移住し続ける。一方で国内にアフリカの最貧国並みがあり、アフガンのような治安の悪い州がある。シカゴなど警官を募集しても応募者がいない。

レーガン以後の閣僚人選の特徴とは人種別配分式ですが、要職、とくに財務長官はウォール街からとなってユダヤ人が多い。国務か国防に黒人起用があり、以下、ヒスパニック、アジア系、女性に配分されています。ま、日本は派閥中心、当選回数順の配分ですが。

ロシアアカデミーの有名な学者がかつて「アメリカは六つに分裂する」と具体的な地図を明示して唱えたことがあります。

それによれば、東海岸（リベラルの牙城。ＥＵに接近）、中西部（キリスト教信徒地区）、ラストベルト（最貧地区）、西海岸（進歩的独立国家風）、アラスカ（ロシアへ返却）、ハワイ（中国へ譲渡）に分裂するという。

実際には人口動態の急変が起きています。

リベラルな州から富裕層がフロリダなどへ逃げ出した。シリコンバレーは家賃が半減されてもテナントが埋まらなくなった。

これはコロナ禍のテレワークだけが原因ではない。カリフォルニアから２０２０年に75社、２０２１年に１５３社が去った。原因は高い所得税、強すぎる規制、人材難に直面したからです。

「リベラル御三家」はカリフォルニア（規制強く、税金が高い）、ニューヨーク（税率52%）、イリノイ（シカゴの極左化。人材難）ですが、同様にマサチューセッツ、ニュージャージー、コネチカット州が続きます。

反対に「サンベルト御三家」とはトランプ大統領の別荘があるフロリダ州、第二のシリコンバレー化しつつあるテキサス、そしてテネシー、これにアリゾナ、アイダホ、ミズーリなどを加えてよいでしょう。

とくにテキサス州への本社移転が目立ち、テスラ、トヨタが本社をテキサス州へ移転しました。このためオースチン、ダラスで顕著な人口増が見られます。気候のよいフロリダ州は引退した老人の隠居生活者ばかりではなく州のGDP成長率たるや17%です。所得税がゼロだからです。

ところがバイデン政権は失業保険より現金支給という奇妙な制度を推進しちゃった。たとえばカリフォルニア州の時給は22ドルにもはねあがっていますが、それでもレストランなどに人が来ないのは「働いたら損をするシステム」だからです。低所得層の労働参加率は36%になりました。

アメリカの後追いをする日本も少子化対策、育児に所得区別をなくして現金支給に踏み切る流れです。少子化を防ぐには政策が補完する効果があるとはいえ、本質的には人生観の問題でしょう。

こう見てくると、「アメリカよ、中国に勝てるのか」という疑問がわく。

台湾へ武器供与増強を拡充し自由と民主主義の砦を守ると公言していますが、米軍はグアム以東へ配置換えしています。

ウクライナへは軍籍をはなれた特殊部隊をおくりこんでロシアと闘わせ、そこにNATOを引き込んだ代理戦争を展開していますが、もはや「世界の警察官」としてのアメリカは姿も形もない。

本書で縷々《るる》検証したようにアメリカの激甚な衰退はアフガン撤退の無様さ、中国制裁はまったくの手抜き、ハイテク防御はザル法となり、香港ドルと米ドルの交換停止という金融のリーサルウェポンを使えない。どうやら中国と戦う気力がもはやバイデン政権にはない。

2024年の大統領選挙はむろん激戦となり愛国が基盤の保守派vs進歩派の対立になるでしょう。

共和党候補はトランプであれ、デサンティスであれ、共和党が2024年の大統領選挙を制すると思います。もし民主党が勝てば、アメリカ主導だったグレートゲームは終了してしまうでしょうから。

エピローグ――カネとモノの覇権争い本番へ

21世紀型世界覇権戦争に日本は巻き込まれる

基軸通貨ドルに対する中国人民元の挑戦はエスカレートの一途である。それはカネとモノの対立を主とする21世紀型世界覇権戦争の始まりを告げる。

国際政治学者、ロバート・ギルピンが喝破した通り、世界の覇権国はただ一つであり、20世紀の覇権争いは世界大戦を二度引き起こした。

だが、現下の核超大国同士の覇権争いでの直接衝突はお互い壊滅的な打撃を被る。軍事に代わる大量破壊手段になるのがモノとカネである。

モノは工業製品、エネルギー、食料、希少資源、半導体などが鍵である。カネは、言うまでもなく米ドル、中国人民元ということになる。国際決済通貨円は、世界最大の債務国米国の国債を下支えする。対する元はドル基軸体制に寄生してドルを蚕食し、最後に取って代わろうとする。

核の時代では米ソ冷戦時代がそうだったように覇権代理戦争がどこかで起きる。現下のロシア・ウクライナ戦争は米中の21世紀型代理戦争とでも言うべきか。モノ対カネの構図に焦点を絞ってみると歴然とする。

端緒は2022年2月4日の北京冬季五輪開幕式に出席したプーチン大統領と習近平党総書記・国家主席の共同声明だ。両首脳は「両国の友情に限界はなく、協力するうえで禁じられた分野はない」と宣言し、堅い握手を交わした。その20日後、満を持したかのようにロシア軍はウクライナに進撃を開始した。西側は直ちに対露経済・金融制裁に踏み切った。

プーチンは中露共同声明をウクライナ戦争とそれが招き入れる西側の対露経済・金融制裁への備えとしていた。共同声明に付随する中露協力協定で、ロシア産石油、天然ガス、小麦輸入の拡大と両国間貿易決済からのドル排除と人民元およびルーブル取引の拡張で合意した。

天然ガスの輸入拡大量は、ドイツ向け輸出の約5割に相当する。ロシアはドイツ向けを5割削減しても困らないことになる。原油は10年間で10億トン、年平均1億トン（日量約200万バレル）を輸入する。要は、米欧のロシア産石油や天然ガスの輸入禁止に合わせ、中国が余剰分を買い上げ、使う通貨は人民元もしくはルーブルとする。言わば、中露エネルギー・通貨同盟である。

プーチンのドル体制つぶしへの執念はすさまじい。2022年9月の演説で、「欧米は、ドルパワーと技術的独裁を駆使して本質的に世界の富を奪い、貢ぎ物を集め、不労所得を稼ぐ」と痛烈に批判した。

「中華民族の偉大なる復興」を掲げる習は、脱ドルの布石を打ってきた。まずは、元帝国の版図と重なるユーラシア大陸及びその周辺を独自の広域経済圏に組み込む「一帯一路」を構想し、中国のカネ、国有企業及び労働力を総動員し、すべて人民元金融でまかなうインフラ建設プロジェクトを遂行し、相手国にはドル債務を押し付ける。

次には、石油の人民元決済の実現である。それは明らかに、ドルが金の裏付けを断ち切った1971年のニクソン・ショックから3年後に、米国がサウジアラビアに石油のドル決済を呑ませて基軸通貨ドルの座を死守したペトロダラーの剽窃《ひょうせつ》である。習は2022

年12月にサウジアラビアを訪問し、石油の人民元取引を働きかけて以来、水面下で詰めの交渉を進めている。周辺の産油国はすでに液化天然ガスの元建て輸入に応じている。中国は2023年3月には元決済国であるイランと対立するサウジアラビアの国交正常化を仲介した。

中国の強みは輸出に代表されるモノの供給力と、それに伴うモノの購買力である。中国モノ輸出の世界シェアは15％超、米国の2倍である。同時に石油輸入は日量1000万バレルを超え、米国の1・7倍である。米欧を中心とする脱炭素政策の影響で中長期的な石油需要が減る中、サウジなど産油国にとって輸入を増やす中国との元取引受け入れ拡大は不可避なのだ。中国金融資産市場は規制だらけで、石油輸出国にとって人民元を手にしても運用は不自由だが、中国からのモノの輸入に人民元を充当できる。言わば中国のモノ・パワーが元の国際化の源泉なのだ。

米国の主力武器は無論、金融とハイテクだ。元がドルとの交換を禁止されると、たちまち紙くずと化し、習政権の足下が崩れるだろう。中国は、西側の対露金融制裁の迂回ルートである人民元決済ネット利用の提供やモノの供給など対露支援は顕著なのだが、バイデン政権は対中金融制裁をためらう。米国際金融資本が浴びかねない返り血を恐れるからだ。

だが、米下院で多数派を占める共和党は対中金融制裁圧力をバイデンにかける。来年の米大統領選で共和党政権ともなれば、一段と米中の緊張は高まるだろう。

日本に備えはあるか。防衛力増強は当然としても、世界動乱は通貨金融が主舞台である。脱デフレに向け発行された日本のＧＤＰ（国内総生産）相当の円資金は国際金融市場経由で中国に流れっぱなしだ。脱中国の日本企業が恫喝されても政府は日中友好の念仏を唱える。目覚めるときがきた。

田村秀男

【著者紹介】

宮崎正弘（みやざき　まさひろ）

昭和21年金沢生まれ。早稲田大学中退。作家、評論家。中国全土をくまなく踏査、中国経済の実態報告に定評があり、中国批判の先駆的著作の多くは中国語、韓国語に翻訳されている。著書に、『ロシア vs. ウクライナ　戦争とユダヤ人』（ビジネス社）、『間違いだらけの古代史』（育鵬社）、『明智光秀　五百年の孤独』『習近平独裁3.0　中国地獄が世界を襲う』（ともに徳間書店）、『ウクライナ危機後に中国とロシアは破局を迎える』（宝島社）など多数。

田村秀男（たむら　ひでお）

産経新聞特別記者・編集委員兼論説委員。昭和21年高知県生まれ。早稲田大学政治経済学部経済学科卒業後、日本経済新聞社入社。ワシントン特派員、経済部次長・編集委員、米アジア財団（サンフランシスコ）上級フェロー、香港支局長、東京本社編集委員、日本経済研究センター欧米研究会座長（兼任）などを経て2006年産経新聞社に移籍。著書に『日経新聞の真実』（光文社）、『人民元・ドル・円』（岩波書店）、『経済で読む「日・米・中」関係』（扶桑社）、『検証 米中貿易戦争』（マガジンランド）、『日本経済は再生できるか』（ワニブックス）など多数。

金融大波乱
ドル・円・人民元の通貨戦争が始まった

第1刷　2023年4月30日

著　者　宮崎正弘　田村秀男
発行者　小宮英行
発行所　株式会社徳間書店
〒141-8202　東京都品川区上大崎3－1－1
目黒セントラルスクエア
電　話　編集(03)5403-4344／販売(049)293-5521
振　替　00140-0-44392
印　刷　本郷印刷株式会社
カバー印刷　真生印刷株式会社
製　本　東京美術紙工協業組合

Printed in Japan
ISBN978-4-19-865620-1